I0413774

Copyright © 2021 by Sagarika Datta.

ISBN: Softcover   978-1-5434-9782-3
               eBook   978-1-5434-9781-6

All rights reserved. No part of this book may be reproduced or transmitted in any form or by any means, electronic or mechanical, including photocopying, recording, or by any information storage and retrieval system, without permission in writing from the copyright owner.

Any people depicted in stock imagery provided by Getty Images are models, and such images are being used for illustrative purposes only.
Certain stock imagery © Getty Images.

Print information available on the last page.

Rev. date: 09/10/2021

To order additional copies of this book, contact:
Xlibris
844-714-8691
www.Xlibris.com
Orders@Xlibris.com
832890

Dedicated to my mother Jayanti Datta.

I would like to thank my husband,
Kaveer Ghosh, for helping me throughout,
specially on the translated stories.

CLEOPATRA MEETS CLEOPATRA

TIMELINE: 69 BC - 10 AUGUST 30 BC

PLACE: ROME, EGYPT

Episode - Birth

Today, Alexandria is waiting. Their next King is about to take birth. The entire day and night Queen suffered from sharp pain and now she is languished. Just before the dawn breaks - a baby girl is born. King Ptolemy XII Auletes is very delighted to see the girl. Pondered his next offspring will be a boy, who will govern Egypt. He cherishes dream to liberate Egypt. The liberator maybe he, maybe anyone of his offsprings.

He named the baby girl Cleopatra.

Meanwhile the priest of the prime temple informed - in the underground cavern of the temple, a baby aspis is hatched from the egg laid by the royal's aspis. King Ptolemy XII Auletes considered that to be a good omen. Cleopatra, his girl-child, maybe the blessing to their family.

And that was a fact! Education, weaponry, horsemanship - Cleopatra has grown up as champion of all. She became fluent in fourteen languages. She is different from all her siblings. Cleopatra is invincible.

Cleopatra then had just started toddling and speaking. King took her to the temple. Down through the stairs behind the shut door into the underground cavern of the royal serpent. Along with the royal priest. Cleopatra was not a girl to be afraid, royal blood is running in her, but she just could not perceive where her father was taking her to, and why! The ambiance was jungly. Stony background is seen as much as the light of the torch reaches. King ordered the priest to call the royal serpent outside. The royal serpent was acquiescent to the priest. After a while the mother aspis comes out and bowed her head down to the King. With a tiny aspis following the mother serpent. The aspis that was born on the same day that Cleopatra was born. King named her Cleopatra, too. King signaled serpent Cleopatra to come near him. He made little princess Cleopatra befriended with the tiny aspis. He ordered serpent Cleopatra to protect the honor and dignity of princess whenever will be necessary.

Episode - Julius Caesar

Princess Cleopatra was with her father until his last moments. Even, during the period of his exile in Rome. King secured his monarchy over Egypt in exchange of a copious amount of wealth to Roman commander Julius Caesar. He had wished for future stability of Cleopatra. But because of a conspiracy made by Caesar himself, King was ultimately exiled to Rome. Cleopatra went along with her father. Her every birthday Cleopatra commences by visiting to serpent Cleopatra. This birthday, she is in exile. So, they could not meet. She had done the formality and had seen her friend before coming. Amid various disquietudes, King Ptolemy XII Auletes died eventually. Cleopatra had returned to Egypt. But could not get to the throne. Another daughter of the King, jointly with one of her brothers, ascended into the throne of Roman dominated Egypt. The weapon in which it is almost impossible to defeat Cleopatra is diplomacy! Shrewd diplomacy! Cleopatra as if accepted the defeat, remained in hiding for some days, and then finally applied that to become an absolute ally of Caesar. Julius Caesar too was among greatest roman commanders. It was not so easy to win over him. So, Cleopatra launched her another fine weapon.

Stunningly beautiful and lethally sensual Cleopatra unleashed her seductive allure to vanquish Caesar. And could accomplish it. Caesar was captivated.

That night Cleopatra took Caesar into the temple cavern to show her triumph to her friend. Her serpent friend bowed down to Caesar. Cleopatra got the throne. Roman dominated Egypt came under the control of Cleopatra. A joint ruling in Egypt started.

Episode - Caesar's Son

For Caesar, Cleopatra arranged every sort of comforts and best amenities in Egypt, so that he does not move back in Rome. But Caesar returned back. Following year Cleopatra and Julius Caesar's son was born. The joint power of Caesar and Cleopatra was invincible. No one should have any worries about Egypt. However, it's not that Cleopatra just wanted power. She was also sensitive towards the misery and distress of her subjects. She was kind of a magnanimous ruler.

The "Caesar's Son" episode ends here.

The story was going well so far. There was a King, a Queen and a little prince! In a happy kingdom! No worry, no fear anywhere!

But Caesar yet not married her! Cleopatra's next aim was to legally secure their relationship. Danger loomed in when Cleopatra visited Rome. Along with her baby boy.

The next episode starts.

Episode – Meet Octavian

Octavian was the adopted son of Caesar and his proclaimed successor. Cleopatra and her son undoubtedly posed an anxiety on Octavian and on his men.

It was the best opportunity that opposition power could have got!

Julius Caesar was assassinated.

Cleopatra and her son were sent back to Rome covertly by the chief lieutenant of Caesar – Marc Antony.

Episode – Post Caesar's death

Post assassination of Caesar, the trio of the leaders in Caesar's side – Octavian, Marc Antony and Marcus Aemilius Lepidus – build up a joint power. Objective is to defeat the murderers.

On the other side Cleopatra was alone in Egypt. Surrounded by enemies. Considering Cleopatra an additional threat, the enemies already started maneuvering game plan. The power struggle is going to start.

Secretly, Cleopatra is in touch with Marc Antony, but that is a time-consuming affair. Traveling to and fro Rome by sea!

Cleopatra is concerned for her baby boy.

Episode - Lonely Cleopatra

Cleopatra is anxious, worried, and depressed. Caesar was by her side throughout since the death of her father. Now, Cleopatra is alone with her son. Absolutely alone. Enemies are slithering in – from all around. On closing eyes, she sees her baby boy in danger! The sleepless nights seem not to be over. Without Caesar the palace is absolutely void. And it will be void forever. Cleopatra has no more wish to be alive. Leaving the palace, she goes – towards the main temple. Into the temple cavern – to her boon companion. Calls her close. Desires to embrace her venomous kiss.

She knows within fraction of second she will be in a deep sleep. All her burnings will be soothed forever!

But no! Her serpent chum refuses to embrace her. By closing bloodred eyes she waves goodbye.

Cleopatra is transfixed. Sitting for a few moments there, a perception occurs to her - she is free of all anxieties, worries and depressions. This is her time to be there by her baby's side. Why she is here? Does her baby face any evil? She rushes to her son. The night is about to break into dawn. Cleopatra deeply falls asleep.

Episode - Second Triumvirate & Marc Antony

In Rome "Second Triumvirate" is formed meanwhile after defeating opposition power. Entire Rome is divided in three parts. Egypt beside Mediterranean Sea came under Marc Antony.

Till now Cleopatra is not able to forget Caesar's face. Her eyes fill with tears whenever she sees Marc Antony! Antony was very close to Ceaser.

At the same time, she can interpret the imminent crisis of her child. And again, she turns seductive!

Antony can ascertain how his respect and fascination towards Cleopatra are transforming into love. Antony can feel Cleopatra's agonizing heart. Antony can see Cleopatra's teary eyes. He can sympathies Cleopatra's helplessness with her child.

He marries Cleopatra. Honors Caesar's child licit. Announces, Cleopatra along with her son, as the monarch of Egypt.

Their marriage continued for long. They had three children together. Antony almost forgot about Rome and did not return leaving Cleopatra alone.

Antony also forgot about Octavian's sister – his wife who is in Rome.

Episode - Happy Cleopatra

Egypt is Antony's happy Kingdom. Happy family. Cleopatra and Antony opened up the storages of food to their subjects. Freed all prisoners. Alexandria on the shore of Mediterranean Sea reveled into celebration.

From a far, could Antony's wife, see that light, can she feel the exuberance?

Octavian reminded Antony – about his sister. Over and again. Antony does not pay heed. Friction between them intensifies.

With time, Caesarion, Caesar's son, continues growing up. Gets stronger. He perfectly exhibits his linage to both Julius Caesar and Cleopatra. There is none in Alexandria who can conquer over him in armed combat. Can Octavian hear the rattling of Caesarion's sabre? Can he see the flashing of his sword from Rome?

Antony and Cleopatra, when got busy with their happy home, welfare of their subjects, the time they got occupied in rearing up their children – Octavian was crafting the scheme for his avenge. In Caesarion, he can see the same valiant combatant that their father, Caesar was. If delayed any further Octavian's throne can be teetered.

Octavian's sister, Antony's frustrated, aggrieved wife sighs.

Does that sigh fall onto Egypt, coming across the Mediterranean Sea? In Alexandria?

Episode - Sole ruler Octavian

Cleopatra and Antony together smartened up their naval force, to resist marine assaults. The dual combination – shrewdness of Cleopatra and power of Antony – set out Egypt to gear up. They win over some sporadic skirmishes. Not much prominent enemies of them were developed. Up to a point of time, Antony did not consider Octavian as their enemy. He started considering so, when he came to know about the exile of Marcus Aemilius Lepidus, by Octavian. Octavian now has become the only ruler of the entire empire in absence of Antony.

Episode - The lost battle

Soon the war started!

The joint force of Cleopatra and Antony was crushed by Octavian. Octavian spread the rumor about death of Cleopatra. Receiving the news, Antony, seemed lost the battle, he dumped his sword. He no more resisted. Eventually, he fell on the ground, blood-soaked. His blood-stained moribund body was conveyed to Cleopatra. Cleopatra knew they are losing, death is imminent. But blood-soaked Antony, lying in front of her - was absolutely unbearable. Now the next turn is of her children's. It is well understood that if caught alive, Octavian will take revenge of every incident, starting from Caesar's death. Octavian holds her responsible for death of Caesar. Holds her responsible for taking away his sister's husband from her. Her larger guilty is that she is the mother of Caesarion. Caesarion, if left alive, is going to be a threat to his power in coming years.

That lascivious woman he wants to catch alive - not dead. All soldiers were well communicated that Cleopatra should be caught alive! There should not be a single scratch on Cleopatra's body. She needs to be captured completely unscathed.

Episode - Cleopatra meets Cleopatra

After Antony's death, Cleopatra sees her children imprisoned. They are going to be executed soon. Only Cleopatra is left to be captured.

For the last time, Cleopatra left the palace, wished to enter the temple and to meet the priest. By this time, the priest was also captured. The soldiers refused her entry into the temple. Cleopatra managed to negotiate to return in a while just after worshipping their royal deity for a last time. The guards agreed. But they do not allow her to close the main gate of the temple. Cleopatra moves towards the temple cavern. Enters there, locks the door from inside and destroys the key to the cavern door. Waits for her best friend to see. Desires the embrace of her venomous kiss. Flooded in tears, she says goodbye to her friend. She transcends into her eternal sleep.

Episode - Last

Before it is late, Octavian plans to arrest Cleopatra. Sends the order to soldiers. He comes to know about Cleopatra's temple visit. He understood the intelligent lady's plan. Soldiers assured there is nothing to worry about as the temple door is open.

Octavian rushes to the temple, enters, it took some time to find the secret place, and finally, to break open the door of the cavern.

By then, Cleopatra, had gone too far – beyond the reach of Octavian.

ক্লিওপেট্রা ও ক্লিওপেট্রা

আলেক্সান্ড্রিয়া আজ অপেক্ষায় আছে। তাদের ভবিষ্যৎ রাজা জন্ম নেবে আজ। সারাদিন, সারারাত খুব কষ্ট পেলেন রানী। পরদিন ভোর রাতে জন্ম নিলো এক কন্যা। রাজা খুব খুশি হলেন মেয়ে দেখে। ভেবে নিলেন পরের সন্তান হবে ছেলে; সে সামলাবে মিশর। তার যে স্বপ্ন মিশর কে স্বাধীন করার, তার সন্তান করবে।

তিনি মেয়ের নাম রাখলেন ক্লিওপেট্রা।

ওদিকে মূল মন্দির-এর পুরোহিত জানালেন, মন্দির গহবরে রাজ্ পরিবারের কোবরা সাপটির ডিম্ ফুটে আজি একটি কোবরা জন্ম নিয়েছে। ঘটনাটি রাজা শুভ মনে করলেন।

ক্লিওপেট্রা, তার কন্যা সন্তান তাদের পরিবারে মঙ্গল আনতে পারে।

লেখা পড়া, অস্ত্র চালনা, ঘোড় সওয়ার সমস্ত কিছুতে ক্লিওপেট্রা হয়ে উঠলো অপ্রতিরোদ্ধ। চোদ্দটি ভাষাতে সে সড়গড় হয়ে উঠেছে। তার অন্য সব ভাই বোনেদের থেকে ক্লিওপেট্রা আলাদা। ক্লিওপেট্রা দুর্দমনীয়।

ক্লিওপেট্রা তখন হাঁটতে পারে, কথাও বলতে পারে। রাজা একদিন তাকে নিয়ে গেলেন মন্দিরে। বন্ধ দরজার পেছনে সুড়ঙ্গের সিঁড়ি বেয়ে নেমে গেলেন রাজ্ সর্পের কক্ষে। সঙ্গে রাজ্ পুরোহিত।

ভয় পাওয়ার মেয়ে ক্লিওপেট্রা নয়। রাজ্ রক্ত বইছে তার শরীরে। কিন্তু সে অনুধাবন করতে পারলো না তার বাবা তাকে কোথায় নিয়ে যাচ্ছে, কেনই বা নিয়ে যাচ্ছে। জায়গাটা বন্য। মশালের আলোয় যতটা দেখা যায়

তাতে কিছু পাথর দেখা যায়। রাজা পুরোহিতকে আদেশ দিলেন রাজ্-সর্প কে বাইরে আসতে বলার জন্য। সর্প মাতা রাজ্ পুরোহিতের বশ্য।

মিনিট কয়েকের মধ্যে কোবরা মাতা রাজার সামনে মাতা নত করলেন। পেছনে একটি ছোট কোবরা। বলাই বাহুল্য ক্লিওপেট্রার সাথে একই দিন-এ জন্ম এর। রাজা তার ও নাম দিয়েছেন ক্লিওপেট্রা।

তিনি সংকেতে সর্প ক্লিওপেট্রা কে কাছে ডাকলেন। রাজকন্যা ক্লিওপেট্রা সাথে সখ্য করিয়ে দিলেন। সর্প ক্লিওপেট্রা কে আদেশ দিলেন রাজকন্যার সম্মান আব্রু রক্ষা করার, যখনি প্রয়োজন হবে।

পাতালঘরে যাওয়ার চাবি দেখিয়ে দিলেন রাজকন্যে ক্লিওপেট্রাকে।

রাজকন্যা ক্লিওপেট্রা শেষক্ষন পর্যন্ত বাবার সাথে ছিল। বাবার রোমে নির্বাসন এর সময় ও।

রোমান অধিনায়ক জুলিয়াস সিজারকে মোটা অংকের অর্থের বিনিময়ে নিজের সিংহাসন পাকাপোক্ত করলেন রাজা টলেমি। চাইলেন ভবিষ্যতে ক্লিওপেট্রা স্থিতিশীলতা। কিন্তু সিজার-এর মূল চক্রান্তের ফল হিসেবে রাজা নির্বাসিত হলেন। ক্লিওপেট্রা সাথে ছিল বাবার।

তার প্রতিটা জন্মদিন ক্লিওপেট্রা শুরু করে সর্প ক্লিওপেট্রা সাথে দেখা করে। এবার তারা নির্বাসনে। দেখা হলো না তাই। আসার আগে সে দেখা করে এসেছে তার বন্ধুর সাথে।

নানানরকম অস্থিরতার সাথে সাথে রাজা মারা গেলেন এক সময়। ক্লিওপেট্রা ফিরে এসেছেন ইজিপ্টে।

কিন্তু পাওয়া গেলো না সিংহাসন । রোমের শাসন অধীন ইজিপ্ট এর সিংহাসন এ বসলো রাজার অন্য এক মেয়ে । যুগ্ম ভাবে এক ভাইয়ের সাথে ।

যে অস্ত্রের দ্বারা ক্লিওপেট্রা সাথে পেরে ওঠা মুশকিল, একটু সময় নিয়ে ক্লিওপেট্রা সেই অস্ত্র প্রয়োগ করলেন । তা হলো বুদ্ধি, ডিপ্লোম্যাসি । পরম বন্ধু হয়ে উঠলেন সিজার-এর ।

জুলিয়াস সিজার ও সেরা অধিনায়কদের মধ্যে ছিলেন একজন । এতো সহজে তার মন জয় করা একটু মুশকিলের । তাই বুদ্ধির সাথে আরো একটা অস্ত্র প্রয়োগ করতে হয়েছিল ক্লিওপেট্রাকে । সুন্দরী এবং লাস্যময়ী ক্লিওপেট্রা প্রয়োগ করলো তার শরীর ও মন দিয়ে সিজারকে জয় করতে । করেও ফেললো । মোহাবিষ্ট!

সেই রাত্রে সিজারকে ক্লিওপেট্রা নিয়ে গেলো সেই মন্দির গহবরে । তার বন্ধু কে তার জয় দেখাবে বলে । তার সর্পবন্ধু মাথা নত করলো সিজার-এর কাছে ।

ক্লিওপেট্রা সিংহাসন পেলো । রোমের অধীন ইজিপ্ট এলো ক্লিওপেট্রা দখলে । যৌথ ভাবে চলতে লাগলো ইজিপ্ট শাসন । ইজিপ্টের সব ধরণের, সর্বশেষ্ঠ সুবিধার সবরকম ব্যবস্থা ক্লিওপেট্রা করে দিয়েছিলো সিজার-এর জন্য যাতে তিনি রোমে ফিরে না যান । সিজার কিন্তু ফিরে গেলেন ।

পরের বছর ক্লিওপেট্রা আর জুলিয়াস সিজার - এর পুত্রসন্তান জন্ম নিলো । সিজার আর ক্লিওপেট্রা মিলিত শক্তি অপ্রতিরোধ্য । ইজিপ্ট নিয়ে কোনো শঙ্কাই কারো মনে থাকার কথা নয় । তবে ক্লিওপেট্রা যে শুধু ক্ষমতা

চেয়েছিলেন তা নয় । তিনি তার প্রজাদের দুঃখ কষ্টের দিকেও নজর রাখতেন। প্রজা বৎসল রাজা যাকে বলে!

এতখন বেশ চলছিল গল্পখানি । রাজা রানী আর রাজপুত্র । সাথে রাজ্য । কোথাও কোনো ভয় নেই। শুধুই আনন্দ। কিন্তু সিজার তো বিয়ে করলেন না তাকে! এবার ক্লিওপেট্রা পরবর্তী লক্ষ্য হলো তাদের সম্পর্ক কে আইনত ভাবে সম্পন্ন করা।

বিপদ ঘনিয়ে আসলো যখন ক্লিওপেট্রা রোমে গেলেন। তার পুত্রসন্তানকে নিয়ে । অক্টাভিয়ান, সিজার-এর দত্তক নেওয়া পুত্র এবং সিজার - এর ঘোষিত উত্তরসূরি সে । ক্লিওপেট্রা এবং তার পুত্রসন্তান নিঃসন্দেহে অক্টাভিয়ান এবং তার পক্ষের মানুষজনের জন্য একটা আশঙ্কা।

বিরোধী শক্তি হত্যা করলো সিজারকে।

ক্লিওপেট্রাকে গোপনে সন্তানসহ ইজিপ্টে পাঠালেন সিজার-এর প্রধান সহকারী মার্ক আন্তোনি!

সিজার হত্যার পর অক্টাভিয়ান, মার্ক আন্তোনি এবং মার্কাস এই তিনজন সিজার পক্ষের অধিনায়ক, তৈরী করলো একটি মিলিত শক্তি । লক্ষ্য, সিজার হত্যাকারী, বিরোধী শক্তি কে পরাজিত করা।

এদিকে মিশরে, ক্লিওপেট্রা এখন একা । চতুর্দিকে শত্রু। রোমে সন্তানসহ ক্লিওপেট্রাকে দেখেই শত্রু পক্ষ ঘুটি সাজিয়ে ফেলেছে । ক্ষমতা দখলের লড়াই শুরু হবে সত্তর।

গোপনে ক্লিওপেট্রা মার্ক আন্তোনি সাথে যোগাযোগ রেখেছেন কিন্তু সেও অনেক সময়ের ব্যাপার। জলপথে রোম যাওয়া এবং আসা। ক্লিওপেট্রা চিন্তিত তার শিশু পুত্রের জন্য ও।

ক্লিওপেট্রা উদ্বিগ্ন, চিন্তিত, বিষন্ন। পিতৃ বিয়োগ পরবর্তী সময় সিজার ছিলেন তার পাশে। এখন সন্তানসহ ক্লিওপেট্রা একা। সম্পূর্ণ একা। চারিদিকে যেন কিলবিল করছে শত্রু। চোখ বন্ধ করলেই ছুরিকা বিদ্ধ পুত্রের মুখ ভাসে স্বপ্নে। বিনিদ্র রাত কাটে না যেন। সিজার বিহীন সে প্রাসাদ যেন শুন্য। ফিরবেন না, আর কোনোদিনই ফিরবেন না সিজার। ক্লিওপেট্রার আর বেঁচে থাকার কোনো ইচ্ছে নেই। তিনি প্রাসাদ ছেড়ে চলে যান মূল মন্দিরের দিকে। মন্দির গহ্বর ধরে তার আত্মজর কাছে। তাকে কাছে ডেকে নেন। তার বিষ চুম্বন আলিঙ্গন করতে চান। ধীরে ধীরে এবার তিনি মৃত্যু মুখে পতিত হবেন। সকল জ্বালা জুড়োবে।

কিন্তু কই নাতো। তার সর্প সখি করলো না তাকে আলিঙ্গন। লাল চক্ষু দুটি নিমীলিত করে বিদায় জানালো। স্থির ক্লিওপেট্রা সেখানে মুহূর্ত কয় বসে থাকার পর উপলব্ধি করেন, তিনি ভয়হীন, তিনি বেদনাহীন, ক্লেশহীন। এই সময় তো তার সন্তানের পাশে থাকার কথা। তিনি এখানে কেন? তার সন্তানের কোনো অমঙ্গল হয়নি তো? তড়িৎ গতিতে ক্লিওপেট্রা উপস্থিত হলো তার পুত্রের পাশে। রাত্রি ভোর হতে চলেছে। ক্লিওপেট্রা গভীর নিদ্রা গেলো।

এদিকে বিরোধী শক্তি কে পরাজিত করে "দ্বিতীয় শক্তি" তৈরী হলো। সামগ্রিক রোম তিনভাগে ভাগ হলো। ভূমধ্য সাগরের ধারে ইজিপ্ট আসলো মার্ক আন্তোনির ভাগে। আন্তোনি ইজিপ্ট-এ এলেন। ক্লিওপেট্রার

এখনো আন্তোনি কে দেখলে সিজার-এর মুখ ভেসে ওঠে। দুচোখ ভরে ওঠে জলে। কিন্তু তার পুত্রসন্তানের আসন্ন বিপদের কথা চিন্তা করেন তিনি, আবার লাস্যময়ী হয়ে ওঠেন। মোহিত আন্তোনি! মোহাচ্ছন্ন! ক্লিওপেট্রার প্রতি তার সম্মান, তার ভালোলাগা, ক্লিওপেট্রার মর্মাহত হৃদয়, দুই চোখের জল, পুত্রসন্তানসহ অসহায় ক্লিওপেট্রা তার ভালোবাসার ক্লিওপেট্রাতে পরিণত হয়। বিবাহ করেন ক্লিওপেট্রা কে। সিজার-এর সন্তানকে নিজের সন্তানের সম্মান দেন। পুত্র সন্তানসহ ক্লিওপেট্রাকে ইজিপ্টের শাসক ঘোষণা করেন।

এরপর দীর্ঘ সময় চলে তাদের বৈবাহিক সম্পর্ক। তাদের পুত্রসন্তান হয় আরো একটি। ক্লিওপেট্রাকে ছেড়ে রোমে ফিরে যাওয়া হলোনা।

আন্তোনি-এর স্ত্রী, যে রোমে ছিল তার কথা মনেই আসে না তার।

ইজিপ্টে অন্থনির সুখের সংসার। সুখের রাজত্ব। ক্লিওপেট্রা আর আন্তোনি খুলে দিলেন সমস্ত জমিয়ে রাখা খাদ্যের ভান্ডার। ছেড়ে দেয়া হলো সব বন্দিদের। উৎসবে মেতে উঠলো ভূমধ্য সাগরের ধারে আলেক্সান্ড্রিয়া।

দূর থেকে, রোম থেকে, কি সেই আলো, সেই উচ্ছাস দেখতে পেলেন আন্তোনির স্ত্রী? অক্টাভিয়ান-এর বোন। অক্টাভিয়ান মনে করান আন্তোনিকে, তার বোনের কথা। বহুবার। আন্তোনি কান দেন না। সংঘাত বাড়তে থাকে দুজনের।

সময়ের সাথে সাথে সেসারিওন বড় হয়ে উঠতে থাকে। শক্তিশালী হতে থাকে। সে যে জুলিয়াস সিজার আর ক্লিওপেট্রার রক্ত সেকথা তাকে দেখলেই বোঝা যায়। আলেক্সান্ড্রিয়াতে এমন কেউ নেই যে

সেসারিওনকে অস্ত্র যুদ্ধে হারাতে পারে। সেসারিওন-এর তলোয়ারের শব্দ কি অক্টাভিয়ান শুনতে পেলেন? তলোয়ারের ঝলকানি কি দেখতে পেলেন রোম থেকে?

আন্তোনি ও ক্লিওপেট্রা যখন সুখী গৃহকোণে মন দিলেন, প্রজা কল্যানে ব্যাস্ত হলেন, যে সময় তারা তাদের সন্তান লালন পালনে মনোনিবেশ করলেন, সেই সময়টা অক্টাভিয়ান সাজিয়ে তুললেন তার প্রতিশোধের ঘুটি। সেসারিওন-এর মধ্যে সে তার বীর যোদ্ধা, সাহসী যোদ্ধা পিতা কে দেখতে পায়। আর বিলম্ব করলে তার সিংহাসন নড়ে উঠবে।

অক্টাভিয়ান-এর বোন, আন্তোনির হতাশ, দুঃখী স্ত্রী দীঘশ্বাস ফেলতে থাকেন।

সেই নিস্সাস কি ভূমধ্য সাগর বেয়ে এসে পড়লো ইজিপ্টে? আলেক্সান্ড্রিয়াতে?

ক্লিওপেট্রা ও আন্তোনি মিলে সাজিয়েছে তাদের নৌ বাহিনী। জলপথে তাদের আক্রমণ এড়াতে। ক্লিওপেট্রার ক্ষুরধার বুদ্ধি আর আন্তোনির দৈত্যসম শক্তি, দুয়ে মিলে ইজিপ্ট সেজে উঠতে থাকে। বিক্ষিপ্ত কিছু যুদ্ধেও জয় লাভ করেন তারা। তেমন বিশেষ শত্রু গড়ে ওঠেনি তাদের। একটা সময় পর্যন্ত অক্টাভিয়ানকে শত্রু বলে মনে করেননি আন্তোনি! কিন্তু প্রমাদ গুনলেন, তিন শক্তির মধ্যে একজন, মার্কাসকে অক্টাভিয়ান ইতিমধ্যে নির্বাসনে এ পাঠিয়েছেন এবং আপাতত একমাত্র শাসক হয়ে আছেন সমস্ত জায়গা জুড়ে।

অচিরেই যুদ্ধের দামামা বেজে উঠলো।

ক্লিওপেট্রা আর আন্তোনির মিলিত শক্তি ভেঙে গুড়িয়ে গেলো অক্টাভিয়ান সামনে। যুদ্ধ ক্ষেত্রে অক্টাভিয়ান, ভুল খবর ছড়িয়ে দিলেন। "ক্লিওপেট্রা আত্মঘাতী হয়েছেন।" আন্তোনি সে খবর পেয়ে তলোয়ার ফেলে দিলেন। ভূপতিত হলেন, রক্তাক্ত হলেন। তার সেই মৃতপ্রায় রক্তাক্ত শরীর পৌঁছে দেওয়া হলো ক্লিওপেট্রার কাছে। ক্লিওপেট্রা জানেন তারা হেরে যাচ্ছেন, মৃত্যু আসন্ন। কিন্তু রক্তাক্ত আন্তোনি পড়ে আছেন তার সামনে, এ দৃশ্য তিনি মেনে নিতে পারেন না। এর মানেই তার সন্তানদেরও মৃত্যু তাকে দেখতে হতে পারে। ক্লিওপেট্রা জানেন তাকে জীবিত পেয়ে অক্টাভিয়ান তার সমস্ত জমানো প্রতিশোধ তুলবেন। আজও সিজার-এর মৃত্যুর জন্য অক্টাভিয়ান, ক্লিওপেট্রাকেই দায়ী করেন। তার পালিত মায়ের কাছে থেকে তার বাবাকে কেড়ে নেওয়ার জন্য অক্টাভিয়ান ক্লিওপেট্রাকেই দায়ী করেন। তার বোনের কাছে থেকে বোনের স্বামী আন্তোনি কে কেড়ে নেওয়ার জন্য ক্লিওপেট্রাকেই দায়ী করেন। ক্লিওপেট্রার আরো বড় অপরাধ তিনি সেসারিওন-এর মা। সেসারিওন, স্বয়ং তার সংকট হবে আর কয়েক বছর পর।

সেই লাস্যময়ী নারীকে তিনি মৃত নয়, জীবিত দেখতে চান। যে তার বাবাকে কেড়ে নিয়েছে। যে তার বোনের স্বামীকে কেড়ে নিয়েছে। এক একজন সৈন্যকে পই পই করে বলা আছে। ক্লিওপেট্রার গায়ে একটি আঁচড় ও যেন না লাগে। সম্পূর্ণ অক্ষত চাই তাকে।

আন্তোনির মৃত্যু পরবর্তী সময় ক্লিওপেট্রা জানতে পারেন তার সন্তানরা বন্দি হয়েছে। বুঝতে বাকি থাকে না তাদের মৃত্যু দণ্ড দেওয়া হবে।

শুধু ক্লিওপেট্রা বন্দি হওয়া বাকি।

শেষবারের মতো ক্লিওপেট্রা প্রাসাদ ছেড়ে আসেন মন্দিরে। পুরোহিত এর সাথে দেখা করতে চান। পুরোহিত ও বন্দি হয়েছেন ইতিমধ্যে। সৈন্যরা রাজি হয়না তাকে মন্দিরে ঢুকতে দিতে। তিনি কথা দেন কয়েক মুহূর্ত বাদেই তিনি ফিরে আসবেন। কুল দেবতা কে শেষ বারের মতো প্রণাম করে। সৈন্যরা রাজি হয়ে যান। মন্দিরের মূল ফটক বন্ধ করতে দেয়না সৈন্যরা। ক্লিওপেট্রা চলে যান মন্দির গহবরে। গহ্বর দ্বারের চাবি বিনষ্ট করে ফেলেন। ডেকে নেন তার প্রিয় বন্ধুকে। তার বিষ চুম্বনে বেষ্টিত হতে চান। লক্ষ লক্ষ অশ্রু ধারা নেবে আসে দুই চোখ বেয়ে। তারপর চির নিদ্রাতে চলে যান।

অক্টাভিয়ান মনে করলেন, বড্ডো দেরি হয়ে যাচ্ছে, এইবার বন্দি করে ফেললেই হয়। সৈন্যদের বলেন ক্লিওপেট্রাকে বন্দি করতে। সৈন্যরা জানায় তিনি এখুনি বেরিয়ে আসবেন প্রণাম সেরে। দরজা খোলা।

অক্টাভিয়ান বুঝে যান সমস্ত কিছু। বিদ্যুৎ গতিতে ছুটে যান সেখানে, যেখানে ক্লিওপেট্রার দুই সখি অপেক্ষারত। বহু সময় অতিক্রান্ত হয়েছে গহ্বর দ্বার ভেঙে ফেলতে। ক্লিওপেট্রা তখন অনেক; অনে·······..ক দূরে চলে গেছেন অক্টাভিয়ান-এর ক্ষমতা পাশ ছেড়ে।

THE BEST OTTOMAN SULTANA

TIMELINE: 1500 - 1558

PLACE: TURKEY, UKRAINE

-Introduction -

Mahidevran Sultan is returning today to the palace of Istanbul with young Prince Mustafa. Just after the death of Sultan Selim, his only son, Suleiman got the throne. Hafsa Sultan, *Valida* that means the queen mother, is very happy today. Suleiman is now twenty-five.

Before becoming the Sultan of the Ottoman Empire, Suleiman used to rule the *Manasi Sanjak* (Province). The harem of Manasi was run by Valida Sultan. The most beautiful was Mahidevran. She became a mother at the age of fifteen. Prince Mustafa is very beloved by all. Mahidevran, the best concubine so far, will become the *Haseki* Sultan once they two get married. The marriage is planned very soon. It has to be an opulent ceremony.

-According to the rules of the Ottoman Empire -

- The harem is the place where beautiful concubines are brought from different parts of the world and they are well groomed to spend nights with sultan.

- After the death of the present sultan, the first son will have the opportunity to become the next

sultan. He then will have to kill all his brothers as soon as he assumes power.

- The rule was that a concubine can give birth to only one child. If she can give birth to a son, she can be the favorite concubine - the Haseki. She can later, become Sultana, a legal wife.

-Pargali -

Ibrahim, the slave, brought from the province of Perga in Greece. His father was a fish seller. He remembers his mother used to make hot soup and bread for dinner. The memory of the mud house filled with the stink of fish, and the taste of bread with hot soup, are still alive. Ibrahim started showing many qualities as he grows older. Proficiency in different languages, ability to play melodious violin, sense of shrewd political diplomacy, skilled military operations, expertise with various weapons; he achieved mastery in all subjects. The Sultan was also used to get surprised to see Ibrahim. They two are almost of the same age. Ibrahim would be a little younger. Handsome too. The two of them spend a lot of time together. They were like two friends, like two brothers. When they two spend time sitting on the shore of the calm sea, Ibrahim came to know about the dream of

Suleiman, to extend the Ottoman Empire, to the end of the world. While enjoying nature, they keep on discussing plans. Sometimes in the backdrop of setting sun, sometimes on a sunny day, sometimes with the soft sight of snow falling like cotton. The Sultan is surprised to see that Ibrahim had already started devising strategies to expand the kingdom. Those stratagems seemed completely viable to Suleiman. Over time, Pargali – as Suleiman called Ibrahim – became Suleiman's exclusive advisor. Sultan Suleiman appointed Pargali the "Grand Vizier" or the chief minister of the State on assuming throne.

Ibrahim also had a gifted fluency in writing. From literature to diplomatic letters, it would get official approval only if, is written, edited, or endorsed by Pargali.

Suleiman promised Ibrahim that he will save Ibrahim's life from all danger.

-The beginning of the story -

The Crimeans brought a large number of slaves from Ruthenia, one of whom was Alexandra. She was Christian.

During the persecution by the Crimeans, amidst the running and screaming of many frightened people, Alex was restrained by powerful hands. All her struggle to make herself free had failed. From the distance, she can see a sharp knife repeatedly piercing his father's chest. Her mother and sister? She tried to look for them. They can't be seen anywhere. The salty taste of tear and sweat rolling into her mouth was announcing the death of her family. She too wished to sit on the Crimeans' chest and stab them repeatedly to death and throw the lifeless bodies to the feet of her father. But Alex can't! Why? Why can't Alex be not able to do anything to them? Why is no one coming to help her? Are they devils or angles? How can they gain so much power? She is feeling so helpless, powerless, alone, feeble, defenseless! Alex becomes unconscious. And the numbed body was completely surrendered to the Crimeans. The locket of Jesus still remained in the necklace.

When she regained consciousness, she tried to take control of disheveled herself and looked around, she found many helpless people like her, humans but being treated like animals.

Thereafter - a lot of clashes, effort to oppose - all failed. Moving through many places, Alex landed up in the *harem* of the royal palace of Istanbul. Little relief. But in no way, Alex can live as herself - preserving her dignity, her rationality. She is so tired by constantly resisting! Apparently, insult is her only due from this harem. The orientation of turning into a seductress to satiate Sultan in bed – is too insulting.

She sees, all other girls are complying with everything, crazily engaging in the competition of reaching to Sultan's bed. Alex feels dejected! Nigar Kalfa – the supervisor of *harem,* is exhausted in strife with Alex. It does increase her work more.

One day, seeing lachrymose Alex, exasperated Nigar Kalfa blurted out, "Try to become Sultan's favorite than cry and lose. Go there!!" Alex looked at where Nigar was pointing, some beautiful girls in gorgeous dresses waving from a balcony of the upper floor, Alex stared at for quite a while. Ostensibly they were cheerfully happy!

She remembered Lord Jesus! Waited for the next day. Tear did not come to her eyes these days, even when she feels crying.

Alex can be distinguished among all, for her blue eyes and long red hair. She was white complexioned with a tinge of pink. Tallest in the girls' queue. Vivacious and flamboyant. Maybe, for these last two attributes were missing so far, she was not coming to attention.

Tonight, Alex has to go Suleiman's private room, anyhow. She is determined. She took off her cross last night and begged mercy to Jesus. She hid her cross in a secret place.

- Mahidevran and Hurræm Sultan -

It is almost seven days, Hurræm is staying with the Sultan's favorite concubines, on the upper floor of the palace. From that day onwards, the very day, she smiled for first time ever, after coming to this palace.

Now every night, Suleiman desires to spend time with her. Hurræm too has liked him. When Hurræm cries out of a nightmare in sleep, Suleiman draws her closer to his chest delicately. Comforts Hurræm, no one can harm her in his presence. None can take her away from Suleiman. Does that remind Hurræm about her parents?

Today is the seventh day – Alex is converted to Islam. Suleiman named Alex "Hurræm" – who is always cheerful.

In another seven days, Hurræm was provided with a separate room for her. Hurræm's life is brimming with joy, love, and affection. She is flying high in her excessive pride. She haughtily shows off her gifts received from Sultan, to other girls in harem. They were waiting for Mahidevran's step. The much-coveted marriage between Sultan Suleiman and Mahidevran did not materialized. Rather, for so many reasons, Sultan Suleiman abandoned all propinquity with Mahidevran.

But Mahidevran never gave up.

Multiple power struggles were fought between Hurræm and Mahidevran recurrently. Hurræm suffered a plenty of losses, Mahidevran too. Hurræm fiercely avenged back. Her first son, Prince Mehmet, was died caught in their conflict. Prince Mustafa, Mahidevran's eldest son, too died. Hurræm's second son died of an incurable ailment at childhood. Prince Jahangir, the youngest son of Hurræm, also died shortly after Prince Mustafa's death. Albeit their mothers were staunch adversaries, yet the royal stepbrothers were cordial among each other.

Hurræm never considered Mahidevran as her coequal opponent, even after, Mahidevran once tried to kill Hurræm – while pregnant – by poisoning. Mahidevran was in the second priority in her list.

The first place was for Pargali.

- Pargali and Hurræm Sultan -

Grand Vizier and Sultan's confidant Ibrahim Pasha soon realized that Hurræm Sultan is gradually emerging powerful. The relationship between Ibrahim Pasha and Hurræm reached the nadir. Hurræm's wish was not to have a third person between Sultan and her. Hurræm comprehended, Sultan takes all political decisions, exchanging with Ibrahim. And that leaves no political control in her hand.

Although Sultan Suleiman promised Ibrahim that it was his responsibility to save Ibrahim from all dangers. But in the year 1536, disgruntled with various reasons, Sultan himself ordered to execute Pargali. That is another interesting story!

Now there remains no one between Sultan and Hurræm. No evidence suggests Hurræm's hand in Ibrahim Pasha's death. Nowhere it is mentioned in history. But Hurræm through Sultan appointed Rustam Pasha, as the new Grand Vizier. Later, Rustam Pasha became their son-in-law. Hurræm through Rustam Pasha indirectly controlled governance of the empire.

- The most powerful woman in the Ottoman Empire-

Hurræm Sultan too was multitalented as Pargali. She had an unthinkable fine sense of literature, was adept in political administration and diplomacy. History acknowledges her as the most powerful female character of Ottoman Empire. She controlled politics. The sole purpose was to eliminate crown Prince Mustafa and stall any of her offspring to the throne. She had six children.

Hurræm broke many so-called rules of the Ottoman Empire. No concubine before Hurræm could become a legit wife of any Ottoman Sultan. Girls with royal lineage only used to have the honor. After birth of six children Sultan officially married Hurræm. There was also no precedent of any concubine having more than one child.

What Hurræm Sultan failed to control was the cordial relationship among her four sons and their stepbrother, crown prince Mustafa.

Hurræm Sultan was able to eliminate Prince Mustafa. She did not get herself involved. Prince Mustafa was executed by order of Sultan Suleiman on allegation of treason, that could not be strongly proved.

However, history acknowledges that too, Sultan Suleiman never committed any unethical deed in his reign.

Prince Mustafa was the most popular prince. After him, Prince Bayezid was the most popular. Prince Selim II was alcohol addicted, ill-tempered and egocentric. He probably does not possess the traits to become the next Sultan, but Nurbanu Sultan, trained by Hurræm Sultan, took over the control. She became the *Haseki* (favorite) of Prince Selim II. Prince Bayezid along with all his children were executed. Sultan Suleiman again ordered the execution, but the plan was plotted by Nurbanu Sultan. Nurbanu Sultan was another interesting female character of Ottoman Empire. Will tell her story another day.

হুররাম সুলতান - শ্রেষ্ঠ অটোমান সম্রাজ্ঞী

-ভূমিকা -

মাহিদেভরান সুলতান ফিরছেন আজ ইস্তানবুলের প্রাসাদে| সাথে ছোট্ট শাহাজাদা মুস্তাফা| সদ্য, সুলতান সেলিমের মৃত্যুর পর তার একমাত্র পুত্র, সুলেইমান সিংহাসন পেয়েছেন | হাফসা সুলতান, ভালিদা অর্থাৎ রাজমাতা, আজ ভীষন খুশি| সুলেইমান এখন পঁচিশ বছরের সুন্দর সুঠাম সুপুরুষ|

অটোমান সাম্রাজ্যের সুলতান হওয়ার আগে সুলেইমান, মানসির, সানজাক-বেই ছিলেন| অর্থাৎ অটোমান সাম্রাজ্যের মানসি প্রভিন্স শাসন করতেন | হেরেম পরিচালনা করতেন ভালিদা সুলতান | মানাসির হেরেমের সবচেয়ে সুন্দরী ছিলেন মাহিদেভরান | ভালিদা সুলতানের পছন্দের | মাত্র পনেরো বছর বয়সে মাহিদেভরান মা হয়েছেন, পুত্র সন্তানের, শাহাজাদা মুস্তাফা, সুলতান সুলেইমানের ভীষণ আদরের | সুলেইমানের প্রথম পুত্রসন্তান| মাহিদেভরান, হাসেকি সুলতান| অর্থাৎ সুলতানের প্রিয় ও পছন্দের দাসী| ইস্তানবুলের প্রাসাদে গিয়েই ভীষণ ধুমধাম করে বিয়ে হবে তাদের| এ বিষয়ে কারোর সন্দেহ নেই|

-অটোমান সাম্রাজ্যের নিয়ম অনুযায়ী -

- হেরেম হল সেই জায়গা যেখানে স্থান হত পৃথিবীর বিভিন্ন প্রদেশ থেকে লুঠ করে আনা সুন্দরী দাসীদের । প্রস্তুত করা হত সুলতানের সঙ্গে রাত্রিযাপন করার উপযুক্ত করে। নিয়ম অনুযায়ী ভালিদা অর্থাৎ রাজমাতা হেরেম থেকে পছন্দ করবেন, তার পরমবিক্রম ছেলে, রাতটি কার সঙ্গে কাটাবেন।

- প্রথম পুত্রসন্তানই সুলতান হওয়ার সুযোগ পাবে বর্তমান সুলতানের মৃত্যুর পর । সে সুলতান হওয়ার পরই তার সমস্ত ভাইদের হত্যা করবে। সিংহাসনের দাবীতে আর যেন কোনো যুদ্ধ করতে না হয় । ভাইদের সাথে তাদের স্ত্রী ও সন্তানদেরও হত্যা করা হত।

- নিয়ম ছিল একজন দাসী একজন সন্তানেরই জন্ম দিতে পারবে। যদি পুত্রসন্তান হয় তাহলে তার হাসেকি হওয়ার সুযোগ থাকে। অর্থাৎ সুলতানের পছন্দের দাসী। হাসেকি সুলতান হতে পারেন সাম্রাজ্যের সম্রাজ্ঞী, সুলতানের বৈধ স্ত্রী।

-পারগালী -

ইব্রাহীম, গ্রীসের পারগা প্রদেশ থেকে নিয়ে আসা দাস। কে জানতো তার ক্ষমতা? বাবা মাছ ধরতো, মাছ বিক্রী করতো। রাতে তার মা, গরম গরম সুপ্ আর ব্রেড বানাতো। মাছের গন্ধে ভরে থাকা সেই কুঁড়ে ঘরের স্মৃতি, গরম সুপ্ এর সাথে ব্রেডের স্বাদ আজও আছে সজীব। হলোই বা জেলের ছেলে, বয়স বাড়ার সাথে সাথে ইব্রাহীমের সমস্ত গুনের প্রকাশ হতে লাগলো। বিভিন্ন ভাষায়ে পারদর্শী, অসম্ভব ভালো বেহালায় সুর তুলতে পারে, ধুরন্ধর কূটনৈতিক বুদ্ধি, রাষ্ট্র ও রাজনীতি সম্পর্কে জ্ঞান খুব সহজেই পরিষ্কার ভাবে অনুধাবন করতে পারা, মুহূর্তের মধ্যে সুপরামর্শ প্রদান করতে পারা, কুশলী সৈন্যপরিচালনা, নানারকম অস্ত্র চালনায় সাবলীল শিক্ষা সম্পূর্ণ করতে পারা। ইব্রাহীমকে দেখে সুলতানও বিস্মিত হয়ে যান। বয়স একদম সুলতানেরই মতন। একটু ছোটই হবেন। সুপুরুষ। দুজনে অনেক সময় একসাথে কাটান। যেন দুই বন্ধু, যেন দুই সহদর। সমুদ্রের উতল জলরাশি শান্ত হয়ে আসা তীরে বসে সময় কাটাতে কাটাতে ইব্রাহীম জানতে পারেন, সুলেইমানের স্বপ্নের কথা। অটোমান সাম্রাজ্যের পরিধি এই পৃথিবীর শুরু থেকে শেষ পর্যন্ত করার। কখনো অস্তগামী সূর্যের নিমজ্জিত আলোয়, কখনো রৌদ্র ঝলমল দিনে, কখনো বা তুলোর মতো বরফ কুচির নেমে আসার মোলায়েম দৃশ্য উপভোগ করতে করতে তারা পরিকল্পনা করতে থাকেন। বিস্মিত হয়ে সুলতান দেখেন, ইব্রাহীম, ইতিমধ্যেই, রাজ্য বিস্তারের পরিকল্পনা সফল করার জন্য কৌশল তৈরী করতে শুরু করেছেন। সেসব কৌশল সুলেইমানের কাছে সম্পূর্ণ ভাবেই

গ্রহণযোগ্য লাগে | সময়ের সাথে সাথে পারগালী হয়ে উঠলো সুলেইমানের প্রথম এবং শেষ উপদেষ্ঠা| সুলতান পারগালী কে "Grand Vizier" বা উজীর প্রধান নিয়োগ করলেন | পারগালীকে নিয়ে রাজ্য বিস্তারের স্বপ্নের বাস্তবে অবতরণ শুরু হয়ে গেল|

লেখনীতেও ইব্রাহীমের ছিল সাবলীলতা | সেটা হতে পারে প্রেমের সাহিত্য, হতে পারে অন্য রাষ্ট্রপ্রধানদের সুলতানের পাঠানো কূটনীতিক পত্র, বা সন্ধিপত্র| পারগালী লিখবে বা পারগালীকে দিয়ে সংশোধন করানো হবে, তবেই সেই পত্র প্রশাসনিক অনুমোদন পাবে|

-গল্পের শুরু –

রুথেনিয়া অঞ্চল থেকে দাস অভিযান চালিয়ে ক্রিমিয়ানরা অনেক দাস-দাসী নিয়ে এলো | তাদের মধ্যেই একজন আলেকজান্দ্রা | খ্রীষ্টান| ক্রিমিয়ানদের অত্যাচারে, অনেক ভয়ার্ত মানুষের ছোটাছুটি ও চিৎকার চেঁচামেচির মধ্যে, কিছু শক্তিধারী মানুষের শক্ত হাতের বেষ্টনী কাটিয়ে ওটার চেষ্টার মধ্যে আলেক্স দূর থেকে দেখতে পেল, একটা ধারালো ছুরি তার বাবার বুকে বার বার আঘাত করছে| তার মা ও বোন কে আর দেখতে পাচ্ছে না আলেক্স| কান্না আর ঘর্মাক্ত মুখের ভেতর নোনতা স্বাদটা যেন পরিজনদের মৃত্যুর জানান দিচ্ছে| খুব ইচ্ছে করছে যারা ওর বাবার বুকে ছুরি বসাল| তাদের কে মুহূর্তে ধাক্কা দিয়ে ফেলে দিতে, তাদের বুকের ওপর বসে একইরকম ভাবে সজোরে ছুরিকাঘাত করতে, তারপর প্রাণহীন

দেহটা বাবার পায়ের তলায় ফেলতে। কিন্তু কেন পারছে না আলেক্স? কেন ছাড়াতে পারছে না সেই শক্ত হাতের শিকল? কেন কেউ তার কান্না আর দুঃখ দেখে সাহায্যের হাত বাড়াতে আসছে না? এরা দস্যু না ভগবান? এতো ক্ষমতা এদের?

কি অসম্ভব অসহায়তা! একটা সময় আলেক্স এর সমস্ত শক্তি ফুরিয়ে যায়। বাবাকেও আর দেখা যাচ্ছে না। আলেক্স এখন এই পৃথিবীতে একা। এই বিশাল পৃথিবীতে।

জ্ঞানহীন শরীরটা ক্রিমিয়ানদের হাতে সম্পূর্ণ সমর্পিত হল। গলার চেইন এ রয়ে গেলো যীশুর লকেট টা।

যখন জ্ঞান ফিরলো, অবিন্যস্ত শরীরটাকে সামলে নিয়ে চারিপাশে তাকিয়ে দেখলো, তারই মতন অনেক অসহায় মানুষ, আসলে মানুষের মতোই দেখতে, কিন্তু তাদের সাথে ব্যবহার করা হচ্ছে পশুদের মতো। এর পর অনেক যুদ্ধ, প্রতিবাদ করার চেষ্টা, সব কিছু বিফল করে অনেক জায়গা ঘুরে আলেক্স এল ইস্তানবুলের প্রাসাদের হেরেমে। সেখানে কিছুটা স্বস্তি কিন্তু কিছুতেই আলেক্স নিজের আত্মসম্মান, নিজের যুক্তিবোধ বাঁচিয়ে নিজের মতো বাঁচতে পারছে না। প্রতিনিয়ত প্রতিহত করার চেষ্টা করতে করতে আলেক্স ক্লান্ত। অসম্মানই যেন এই হেরেম থেকে তার একমাত্র পাওনা। সুলতান এর শয্যাসঙ্গিনী হওয়ার প্রশিক্ষণ কি কম অসম্মানের তার কাছে? অন্য সমস্ত মেয়েরা সব মেনে নিল, সুলতানের কাছে যাওয়ার প্রতিযোগিতায় মেতে উঠলো, আলেক্স মনমরা। হেরেমের প্রধান পরিচালক (দাসীদের) নীগার ও ক্লান্ত হয়ে পড়ছে আলেক্সের সাথে যুদ্ধ করতে করতে। এতে করে কাজ অনেক বেড়ে যাচ্ছে। একদিন কান্নামাখা

আলেক্সকে দেখে আবেগে আর বিরক্তিতে নীগার আলেক্সকে বলে বসলো, কেঁদে আর হেরে না গিয়ে, সুলতানের প্রিয় হয়ে ওঠার চেষ্টা করো। ওখানে যাওয়ার চেষ্টা করো। সেই জায়গাটা সুলতানের বেছে রাখা দাসীদের। প্রাসাদদের ওপরের তলের অলিন্দে দাঁড়িয়ে থাকা বেশ কিছু সুন্দরী মেয়েদেরকে অনেক্ষন ধরে দেখলো আলেক্স।

যীশুকে স্মরণ করলো। পরবর্তী দিনটার অপেক্ষায় রইলো। আজকাল কান্না পেলেও চোখে জল আসে না।

সব্বার মধ্যে আলেক্সকে পার্থক্য করা যায়, তার নীল চোখ দুটো আর লাল লম্বা চুলের জন্য। দুধে আলতা তার গায়ের রং। মেয়েদের সারীতে সব চেয়ে লম্বা, হাসিখুশি প্রানোচ্ছল। শেষের দুটি বিশেষণের জন্যই হয়তো এতদিন আলেক্স কে চোখে পড়ছিলো না।

আজি আলেক্সকে যেতেই হবে সুলেইমান এর খাস কামরাতে। কাল রাতেই যীশুর লকেট সে খুলে ফেলেছে। তার আগে ক্ষমা চেয়ে নিয়েছে। লুকিয়ে ফেলেছে যীশুর লকেট।

- মাহিদেভরান ও হুররাম সুলতান -

আজ দিন সাতেক হল হুররাম প্রাসাদের ওপরের তলায় সুলতান এর পছন্দের দাসীদের সাথে থাকে, সেদিন থেকেই, যেদিন সে এই প্রাসাদে এসে প্রথম হেসেছিল। সুলেইমান, রোজ রাতেই সময় কাটাতে চান

হুররেম এর সাথে। হুররেমেরও সুলেইমানকে ভীষণ পছন্দ হয়েছে। ঘুমের মধ্যে দুঃস্বপ্ন দেখে চেঁচিয়ে উঠলে সুলেইমান ভীষণ যত্নে তাকে বুকের কাছে টেনে নেন। আস্বস্ত করেন তাঁর উপস্থিতি তে কেউ হুররাম এর কোনো ক্ষতি করতে পারবে না। সুলতান এর কাছে থেকে কেউ নিয়ে যেতে পারবেনা তাকে। বাবা-মা-র কথা মনে পরে কি হুররাম এর? আজ সাত দিন হল আলেক্স মুসলিম ধর্মে রূপান্তরিত হয়েছে। সুলেইমান নিজে আলেক্সের নাম রেখেছেন "Hurræm" (the cheerful one). সদা প্রফুল্ল যে।

আরো দিন সাতেকের ভেতর হুররাম আলাদা কামরা পেল। আনন্দে, প্রেমে আর ভালোবাসায় ভরে গেছে হুররামের জীবন। কোন কোন সময় অহংকারে মাটিতে পা পড়েনা। সুলতান এর দেয়া উপহার প্রদর্শন করে হেরেমের মেয়েদের কাছে। হেরেমের মেয়েরা অপেক্ষা করছিল মাহিদেভরানের পদক্ষেপের জন্য। সেই বহুকাঙ্খিত বিবাহ - *মাহিদেভরান ও সুলতান সুলেইমান* – হয়নি। বরং বিভিন্ন কারণে সুলতান সুলেইমান মাহিদেভরানের সঙ্গে সমস্ত সংশ্রব ত্যাগ করেছিলেন। মাহিদেভরান কিন্তু ছেড়ে দেননি।

অনেক যুদ্ধ হল মাহিদেভরান আর হুররামের। সে যুদ্ধে বহু ক্ষতি হুররামের হয়েছে, মাহিদেভরানের ও হয়েছে, হুররাম প্রতিশোধ ও নিয়েছে। হুররামের প্রথম পুত্রসন্তান, হুররাম-মাহিদেভরান এর সংঘাত এর ফলে মারা যান। শাহাজাদা মুস্তাফা ও তাই। হুররাম এর দ্বিতীয় পুত্র সন্তান বাল্য বয়সেই অসুস্থতার কারণে মারা যান। মুস্তাফার মৃত্যুর খবর পাওয়ার কিছুদিন পর হুররামের ছোট ছেলে জাহাঙ্গীর এর মৃত্যু হয়।

কিন্তু হুররামের কখনোই মাহিদেভরানকে তার সমকক্ষ প্রতিপক্ষ বলে মনে করেনি। মাহিদেভরানের দেয়া বিষ মাখানো খাবার খেয়ে সন্তান সহ হুররামের প্রাণ যাওয়ার উপক্রম হলেও, হুররাম মাহিদেভরানকে দ্বিতীয় স্থান এ রেখেছিল। প্রথমে ছিল পারগালী।

- পারগালী ও হুররাম সুলতান –

কিছুদিনেই ইব্রাহীম বুঝেগেছিল, হুররাম ধীরে ধীরে ক্ষমতাশালী হয়ে উঠছে। ইব্রাহীম আর হুররামের সম্পর্ক তলানিতে ঠেকে। হুররামের পরিকল্পনা ছিল সুলতান সুলেইমান এবং তার মধ্যে কোন তৃতীয় ব্যক্তি থাকবে না। হুররাম ও একথা বুজতে পেরেছিলেন, সুলতান সমস্ত রাজনৈতিক মতামত ইব্রাহীম এর সাথেই করেন। তাতে হুররামের হাতে নিয়ন্ত্রণ থাকছে না।

যদিও সুলতান সুলেইমান কথা দিয়েছিলেন ইব্রাহীমকে যে, সমস্ত বিপদ থেকে ইব্রাহীমকে বাঁচানোর দায়িত্ব তাঁর। কিন্তু 1536 সালে, বিভিন্ন কারণে পারগালীর ওপর বিরক্ত হয়ে তার মৃত্যুদণ্ড দেন। সে আরেক গল্পো।

হুররাম আর সুলতানের মাঝে আর কেউ থাকল না। কোন প্রমান মেলেনি যে ইব্রাহীম পাশার মৃত্যুতে হুররামের কোনো হাত আছে। ইতিহাসে এ কথা লেখা নেই। কিন্তু এর পর হুররাম সুলতান ওই পদে নিজের জামাই

রুস্তম পাশা কে বসান। রুস্তম পাশা এবং হুররাম সুলতান, যৌথ ভাবে, সাম্রাজ্যের কার্য চালনায় পরোক্ষ হস্তক্ষেপ করেন।

- অটোমান সাম্রাজ্যের শ্রেষ্ঠ ক্ষমতাশালী এবং শক্তিধর নারী-

পারগালী যেমন অনেক গুনের অধিকারী ছিল, হুররাম ও তাই। অসম্ভব ভাল সাহিত্য বোধ, কূটনৈতিক এবং রাজনৈতিক প্রশাসন এ পারদর্শী। ইতিহাস বলে, হুররাম সুলতান অটোমান সাম্রাজ্যের সব চেয়ে ক্ষমতাশালী নারী চরিত্র। রাজনৈতিক নিয়ন্ত্রণ হুররামই করতেন। উদ্দেশ্য একটাই। শাহাজাদা মুস্তাফাকে সরিয়ে তার সন্তানদের সিংহাসন এ বসানো। হুররামের ছয়টি ছেলেমেয়ে হয়েছিল।

অটোমান সাম্রাজ্যের তথাকথিক নিয়ম ভেঙে ফেলেন হুররাম। আইনি বদল করে দেন। হুররামের পূর্ববর্তী কোন দাসী অটোমান সুলতান দের বিবাহিত স্ত্রী হননি। কোনো রাজ্ পরিবারের কন্যাই স্ত্রী হতে পারতেন। ছয়টি সন্তান এর জন্মের পর, সুলতান সুলেইমান আইনত ভাবে বিবাহ করেন হুররাম কে। কোন দাসীর বহু সন্তান হওয়ার নিদর্শন ছিল না তার আগে।

যেটা হুররাম একেবারেই নিয়ন্ত্রণ করতে পারেননি তা হলো তার চার ছেলে ও মুস্তাফার মধ্যে মধুর সম্পর্ক।

হুররাম মুস্তাফা কে সরিয়ে দিতে সক্ষম হন। সুলতানা নিজে কিছুই করেননি। সেটা দেখা যায়নি। সুলতান সুলেইমান নিজেই মুস্তাফা কে মৃত্যুদণ্ড দেন, এমন এক অপরাধের জন্য প্রমান করা যায় নি।

ইতিহাস কিন্তু এও বলে, সুলতান সুলেইমান তাঁর জীবদ্দশায় কোনো অনৈতিক কাজ করেননি।

শাহাজাদা মুস্তাফা ছিলেন সব চেয়ে গ্রহণযোগ্য শাহাজাদা। তার মৃত্যুর পর শাহাজাদা বেয়াজিদ ছিলেন সবচেয়ে জনপ্রিয়। শাহাজাদা *সেলিম - দ্বিতীয়* ছিলেন মাদকাসক্ত, বদমেজাজি এবং আত্মকেন্দ্রিক। নূরবানু ছিলেন শাহাজাদা *সেলিম – দ্বিতীয়*-এর হাসেকি। শাহাজাদা সেলিম ও নূরবানু সফল হন সুলতান সুলেইমান কে দিয়ে শাহাজাদা বেয়াজিদ এর মৃত্যু দন্ড জারি করানোতে। শাহাজাদা বেয়াজিদ এর পাঁচ ছেলেকেও মেরে ফেলা হয়। শাহাজাদা *সেলিম - দ্বিতীয়* হন পরবর্তী সুলতান। নূরবানু হন সম্রাজ্ঞী। সে আরেক গপ্পো। অন্য একদিন বলবো।

ONE IMAGINARY STORY

Year: 1534

Place: India

Episode - *Mangalarati***

Murari Thakur is feeling severely unwell today. Feeling a sharp pain from the wound in his foot. His body is cold. Somehow, he manages to drag himself to the temple. Enters the temple! For a while he forgot about all his pain staring at the eyes of the idol of Lord! As if, lord is staring at him. Beckoning Murari Thakur to converge into him. He dissolves in tears.

When the time will come? When will he finally get immerged with lord? When will Murari Thakur see lord alive? He desires to wash his feet in his own hands, to speak with lord sitting next to his feet, to converse with him.

He comes back to his conscious mind, thinking, time perhaps has arrived. He rushes into the prep room of the temple and concentrates on the arrangement of *Mangalarati*. Entire temple starts vibrantly pulsating with chant of sacred hymns, shimmer of illuminated lamps, wafting aroma of incense, resonating chimes of bells and cymbals, symphony of conch shell blowing. All souls around, are deeply immersed into Krishna worshipping. Murari Thakur ecstatically started chanting "*Hari Bol*" - hail Lord Krishna. In ecstasy, he sees lord just in his front, touches him. Lord whispers to him indistinctly, "Time is nearing". He is almost unconscious as other days. Monks and aides caringly nurse to bring him back into conscious.

"Wake up Thakur - it's time to change lord's clothes". Murari Thakur comes back to his conscious mind and engages himself into rituals. The sacred ablution of Lord, dressing him up in new attire - are performed one by one. The idol of Lord Krishna is graced with flower decor. Murari Thakur watches enchantingly. Tears starts flowing through both of his cheeks. Again!

Before leaving for *Surya Pranam***, Sudarshan *Pujari***, warns Madhav *Sevayet***, to keep a close eye on Murari Thakur. Today Thakur is losing his conscious time and again. His body is pale, too.

Episode - Birth History

Murari Thakur was born into an orthodox *Brahmin*** family. He was insanely in love with Lord Krishna since childhood. He used to get fainted, listening chant of Lord Krishna. His mother consulted physicians. Many thought he had a problem of seizure. The boy did not pay any attention. Whatever limited time he could get beyond his Sanskrit study, remained absorbed in Krishna worship. He used to become unconscious listening *"Hari Bol"*. Murari was ten years of age, a yogi appeared to their house and prophesied – this boy will leave home – at a very young age.

Mother arranged Murari to get married, for containing him into domesticity. By then, Murari has risen as an indomitable youth with his education and knowledge. In this village, adversaries of poised and elegant Murari, were strong too.

Episode – *Sannyasa***

Being in the illusion of domestic life, his mind becomes overburdened. A day, he leaves his home behind, proving the prophecy of that yogi true, he navigated too far and never came back.

Episode – Desire

Before leaving the temple, at half past eight, Murari Thakur looks for Sudarshan Pujari. Enquires from Madhav. Madhav cannot answer. Murari Thakur comes closer and says softly, "Madhav, when I die, lay me down at lord's feet, under the *Ratna Singhasana***". Madhav says "What you say Thakur? Rest all the afternoon. You will feel better."

Thousands of works are yet left for Madhav. Within half past eleven, Madhav has to ready *Bhog*. Madhav quits hastily. Murari Thakur starts trudging back home.

Just on exiting temple, he happens to meet the other priest, Swarup Pujari. Murari Thakur again inquiries about Sudarshan Pujari. Pausing for a while, Swarup Pujari replies, Sudarshan Pujari is there in front of the main gate – supervising distribution of *Gopal Vallabh Bhog***. Swarup Pujari tends to leave. Murari Thakur gestures him to wait. As he stops, makes the same plea, that he made to Madhav. Then slowly walks on towards the main gate – not waiting for reply.

Distribution of *Prasad*** was almost done. Few people are remining. On seeing Thakur, Sudarshan Pujari bows down his head in reverence. Murari Thakur places his blessing hand on his head. Then coming nearer to the priest, in feeble utterance, implores - "Can you send someone to Maharaja Aditya Pratap? I have a request to make." The priest cannot apprehend the context. He anxiously looks at him, "Thakur, did you get a fever today? You are looking very pale!" Avoid answering, Murari Thakur again murmurs, "Can you entomb me under the Ratna Singhasana, when I am dead?" Sudarshan Pujari assures him, for time being. Also ensures to send someone to the King. He knows, the King - Maharaja Aditya Pratap will surely come at temple in evening to attend the *Sadhyarati* but at this moment, Thakur needs rest - urgently. He offers to send someone along with Thakur.

Murari Thakur starts walking alone. It seems the path does not want to end, the same path he returns daily. Everything he sees, is gray, dim.

Back at home, he felt utterly exhausted, no feeling of hunger. Only water was enough to feel relieved and to fall asleep.

Episode - Wound

Last month, Murari Thakur was returning from temple. A piece of broken glass got pierced in his bare foot. The laceration was cleaned - medicaments applied. Still, it started infecting, regular walk in barefoot gradually aggravating it - into sepsis.

Episode - End

Today, both his body and mind are not feeling good, and they are not in sync. A sense like "Time is running out" repeatedly keeps knocking him. He sets out for temple a bit earlier today, around half past three.

It takes long for him to reach the temple, to reach to the feet of his deity, more feeble, weaker than ever before.

His senseless body lays back there – for quite a while.

Hearing the thud followed by someone's intrusion in the temple, Madhav comes out. Seeing Thakur, laying at the feet of the idol, reassured he leaves. Murari Thakur himself is the manifestation of eternal bliss, he himself is Lord Krishna. Anytime he wishes, can come into the temple. Anytime can go in front of the idol of his adored.

Madhav gets occupied back into his ritual duties. Forgets about the world.

After a while, hearing noise, Madhav comes out again. He finds both the priests - Sudarshan Pujari and Swarup Pujari along with *Raj-Vaidya*** there. Sudarshan Pujari has recovered the still body of Murari Thakur. Apprehensive, he immediately called for the royal physician. The physician confirms that Thakur has departed leaving behind his mortal body. An uncanny silence descends midst the temple. The physician leaves. He does not have anything more to do. The priest orders Madhav to shut the front door of the temple. The discussion with Thakur in the morning occurs back to his mind. Tear starts flowing down silently.

Local folks outside the temple – who had seen Murari Thakur entering the temple – are surprised to see the temple door is closed oddly before time.

Upon receiving the message, King Aditya Pratap arrives at the temple to see his revered Thakur for a last time. However, he enters temple silently through the backdoor – not by main entrance with his usual royal formalities. Sudarshan Pujari apprises him about everything. Conveys him the last wish of Thakur. Dissolved into tears, the king grants approval. All the work has to be accomplished secretly. Truth must not spread over. The broken-hearted King leaves the temple. With few fellow aides, Madhav digs a pit right underneath the *Ratna Singhasana***. Thakur was laid in, graciously. The floor is polished back so that it does not come to sight easily. To get everything done, it comes to midnight.

All devotees who gathered to attend the evening worship, left after waiting a while.

Everyone was shocked by the sudden closure of the temple. So many questions started arising. Some demanded to know where is Thakur? Everyone has seen him to enter the temple, but he never came out.

As settled, Sudarshan Pujari answered in public - "Yesterday – during evening worship – Murari Thakur immerged into the idol of Lord Krishna".

Sight of his moist eyes, evading all other eyes, falls on the feet of the idol. Beneath the *Ratna Singhasana***.

There, Thakur is in eternal rest!!!

Appendix

Mangalarati refers to the ritual of greeting Lord on the onset of dawn. The ritual is performed by waving (as around the head of the idol) of a platter containing a illuminated lamp: also, the platter and lamp so waved. While chiming the bell, offer flowers at the feet of each deity.

Brahmin – Brahmin are a varna in Hinduism. They specialized as priests, teachers, ayurvedic physicians and protectors of sacred learning across generations

Surya Pranam – the morning sun adoration.

Sevayet – the aide.

Sandhya-Arati, Mangalarati done during the sunset.

Thakur, actual meaning is "God" or "Lord". But in Hindu temples, the saints are called after adding the word "thakur" to show respect.

Pujari – Priest

Sannyasa, represented by a state of disinterest and detachment from material life, and has the purpose of spending one's life in peaceful, spiritual pursuits, after leaving home and family.

Ratna-singhasana, a throne, seat of the lord. The seat is usually decorated with colorful and expensive stones.

Bhog – a special rice preparation for offering to the lord.

Prasad – the consecrated food that was offered to deity, consumed later by worshippers.

Maharaja, the King of the place.

Yogi, a saint who has the power of predicting future.

Lord Jagannath, incarnation of lord Krishna.

Vaidya is a Sanskrit word meaning "doctor" or "traditional physician" versed in Ayurveda medicine.

*Raj Vaidya-*A royal physician.

কাল্পনিক গল্প

পর্ব – মঙ্গলারতি

মুরারী ঠাকুর আজ খুবই অসুস্থ বোধ করছেন। পায়ের ক্ষত স্থানে তীব্র ব্যাথাও অনুভব করছেন। শরীর শীতল। কোনো ভাবে শরীরটাকে টেনে নিয়ে গেলেন মন্দির পর্যন্ত। প্রবেশ করলেন মন্দিরে। কিছুক্ষন এর জন্য ভুলে গেলেন তাঁর সমস্ত রকম বেদনার কথা। প্রভু পুরুষোত্তমের চোখের দিকে তাকিয়ে। যেন তারই দিকে তাকিয়ে আছেন। ডাকছেন তাকে, তাঁর সাথে বিলীন হয়ে যাওয়ার জন্য। দু চোখ দিয়ে অশ্রু ধারা নামতে থাকে ঠাকুরের। কবে? কবে সত্যি সত্যি তিনি তাকে টেনে নেবেন নিজের কাছে। কবে তিনি দেখা পাবেন সেই জীবন্ত সত্তার? নিজে হাতে ধুয়ে দেবেন পা। কথা বলবেন প্রভুর পদতলে বসে। জানতে চাইবেন ধর্ম ও ঈশ্বর সাধনার মিলন পথের কথা।

সম্বিৎ ফিরে এলো এই ভেবে, সে সময় হয়তো উপস্থিত। ঢুকে গেলেন মন্দিরের প্রস্তুতি ঘরে। মন দিলেন মঙ্গলারতির ব্যাবস্থায়। ধুপ, দীপ, কাঁসর, শঙ্খে মুখরিত হলো মন্দির। কৃষ্ণ আরাধনায় মগ্ন সমস্ত প্রাণ। মুরারী ঠাকুর ও মেতে উঠলেন "হরি বোল" মন্ত্রে। তাঁকে আবার সামনে দেখতে পেলেন, স্পর্শ করলেন। অস্ফুটে যেন বলে গেলেন "সময় হয়ে এলো"। আরো অনেক দিনের মতো সেদিন ও তার সঙ্গী সাথীরা তাকে সেবা করে ফেরালেন জ্ঞান। ঠাকুর উঠুন, তাঁর বস্ত্র পরিবর্তন এর সময় হলো। মুরারী ঠাকুর সম্বিৎ ফিরে পেলেন। উঠে লেগে পড়লেন সেবাতে। একে একে জগন্নাথ এর স্নান পর্ব শেষ হলো, তাঁকে নতুন বস্ত্র পরানো হলো। ফুলে

ফুলে সাজানো হলো প্রভুর মূর্তি। মোহিত হয়ে দেখলেন মুরারী ঠাকুর। আবার অশ্রু বর্ষণ হলো ঠাকুরের রক্তিম দুটি গাল বেয়ে।

সুদর্শন পূজারী সূর্য প্রণাম এ যাওয়ার আগে সেবায়েত মাধব কে বলে গেলেন মুরারী ঠাকুর কে নজরে রাখার জন্য। আজ তিনি বার বার মূর্চ্ছা যাচ্ছেন। শরীর ও বিবর্ণ।

পর্ব – জন্মকাল

গোঁড়া ব্রাহ্মন পরিবারে জন্ম মুরারী ঠাকুরের। ছোট বেলা থেকেই কৃষ্ণ প্রেমে পাগল। ঈশ্বর এর নাম সংকীর্তন এ মূর্ছিত হয়ে পড়েন। ঠাকুরের মাতা বৈদ্যর পরামর্শ নিয়েছেন। অনেকেই মনে করছেন মুরারীর তড়কার সমস্যা হয়েছে। বালক মুরারী সেসব এ কর্ণপাত করে না। সংস্কৃত চর্চা ছাড়া বাকি যে টুকু সময় পাওয়া যায় মুরারী ব্যস্ত থাকে কৃষ্ণ পূজা তে। "হরি বোল" ধ্বনি তে জ্ঞান হারায়। মুরারীর দশ বৎসরকাল বয়সে এক যোগীবাবা বাড়িতে এসে বলে যান গৃহ ত্যাগ করবেন মুরারী, খুবই অল্প বয়সে।

মুরারী কে ঘরে আটকে রাখতে বিবাহ দেন ছেলের। এতদিনে শিক্ষাতে, জ্ঞান এ মুরারী হয়ে উঠেছে অপ্রতিরোধ্য। শান্ত, সৌম্যকান্তি মুরারীর শত্রুপক্ষ ও সবল এ গাঁয়ে।

পর্ব – সন্ন্যাস

সাংসারিক মায়াডোরে মন ভারাক্রান্ত হয়ে ওঠে একদিন। বেরিয়ে পড়েন সেই যোগীবাবার কথা সত্যি করে। বহু দূরে পাড়ি দিলেন। ফিরে আসেন নি আর কখনো।

পর্ব – মনোবাসনা

সাড়ে আটটার সময় মন্দির থেকে যাওয়ার আগে মুরারী ঠাকুর সুদর্শন পূজারী কে খোঁজেন। মাধব কে জিজ্ঞাসা করেন কোথায় পূজারী ঠাকুর। উত্তর দিতে পারে না মাধব। মাধব এর খুব কাছে এগিয়ে আসেন, আস্তে আস্তে বলেন "মাধব, আমি চলে গেলে আমাকে ওনার পায়ের তলায়, ওই রত্নসিংহাসন এর নিচে শুইয়ে দিস"। মাধব বলে "কি বলেন ঠাকুর? আপনার শরীর ভালো না থাকলে দুপুর টা বিশ্রাম নিন। ভালো লাগবে।" হাজার কাজ পরে আছে মাধবের। সাড়ে এগোরাটার মধ্যে ভোগ প্রস্তুত করতে হবে। মাধব চলে যায়। মুরারী ঠাকুর ধীর পায়ে ঘরে ফিরতে থাকেন।

মন্দির থেকে বেরিয়েই স্বরূপ পূজারীর সাথে দেখা। মুরারী ঠাকুর তাকে জিজ্ঞাসা করেন সুদর্শন পূজারীকে তিনি দেখেছেন কিনা। একটু থেমে স্বরূপ পূজারী বলেন মূল ফটকের সামনে গোপাল বল্লভ ভোগ বিলি হচ্ছে,

সেখানে তিনি তত্ত্বাবধান করছেন। স্বরূপ পূজারী চলে যেতে যান। মুরারী ঠাকুর তাকে ইশারা তে দাঁড়াতে বলেন। তিনি দাঁড়িয়ে পড়লে মুরারী ঠাকুর একই আকুতি করেন, মাধব কে যা করেছিলেন, তারপর উত্তরের অপেক্ষায় না থেকে হেঁটে চলে যান মূল ফটকের দিকে।

সেখানে ভোগ বিতরণ প্রায় হয়ে এসেছে। অল্প কিছু মানুষ রয়ে গেছেন। মুরারী ঠাকুরকে দেখেই সুদর্শন পূজারী মাথা নত করেন। যেন মুরারী ঠাকুরের চরণতলে স্থান পেতে চান। সুদর্শন পূজারীর মাথায় হাত রাখেন তিনি। তারপর আরো কাছে এগিয়ে আসেন। ক্ষীণ স্বরে পূজারী কে বলেন "কাউকে মহারাজ আদিত্য প্রতাপ এর কাছে পাঠাতে পারবেন? আমার একটি অনুরোধ ছিল তাঁর কাছে"। সুদর্শন পূজারী বুঝতে পারেন না ব্যাপারটা। জিজ্ঞাসা করেন "ঠাকুর, আজ ও কি আপনার জ্বর এসেছিলো? আপনাকে বড় বিবর্ণ লাগছে।" উত্তর এড়িয়ে গিয়ে মুরারী ঠাকুর আবার প্রশ্ন করেন "আমাকে রত্নসিংহাসন এর নিচে, সমাধিস্থ করতে পারেন?" সুদর্শন ঠাকুর তাঁকে আশ্বস্ত করেন। কথা দেন, কাউকে পাঠাবেন। না হলেও তিনি জানেন সন্ধ্যায় রাজা আদিত্য প্রতাপ নিশ্চই আসবেন সংকীর্তন এর সময়। সেকথা ও বলেন তিনি। কিন্তু বুঝতে পারেন এ সময় বিশ্রাম দরকার মুরারী ঠাকুরের। জিজ্ঞাসা করেন "কাউকে পাঠাবো ঠাকুর আপনার সাথে? অসুস্থ বোধ করছেন কি?"

মুরারী ঠাকুর জানান কাউকে লাগবে না, তিনি একাই পারবেন যেতে। হাঁটা শুরু করে দেন। রোজ ফেরেন এ পথ ধরে। আজ যেন পথ শেষই হতে চায়ে না। পৃথিবীর রং যেন একটু ঘোলাটে। ঘরে ফিরে মুরারী ঠাকুর আর

দাঁড়িয়ে থাকতে পারেন না। মনে করতে পারেন না কখন তিনি ঘুমিয়ে পড়েছেন। আজ তার ক্ষিদেও নেই। জল খেয়েই স্বস্তি বোধ হচ্ছে।

পর্ব – ক্ষত

গেল মাসে মুরারী ঠাকুর মন্দির থেকে ফিরছিলেন। সে সময় তাঁর পায়ে ফুটে যায় ভাঙা কাঁচের টুকরো। সেই কাটা জায়গাটা ক্রমে ক্ষতে পরিণত হয়। ক্ষত পরিষ্কার করা হয়, ওষুধ লাগানো হয়। কিন্তু তবু ক্ষত পেকে ওঠে। খালি পায়ে প্রতিদিন মন্দিরে যাওয়া এবং আসার ফলে ক্ষত ক্রমশ বিষক্রিয়াতে পরিণত হতে থাকে।

পর্ব – শেষ

আজ শরীর ও মন কোনোটাই ভালো লাগছে না তার। যেন বার বারই মনে হতে থাকে "সময় কম"। একটু আগেই বেরিয়ে পড়েন আজ মন্দির পানে। দুপুর সাড়ে তিনটে নাগাদ।

অনেক সময় লেগে যায় মন্দিরে পৌঁছতে। আরো ক্ষীণ, আরো দুর্বল লাগে তাঁকে। মন্দিরে পৌঁছে লুটিয়ে পড়েন ইষ্টদেবতার পদতলে। সাড়হীন দেহটা পড়ে থাকে সেখানে কিছুক্ষন।

মন্দিরে কারো প্রবেশের শব্দে মাধব আসে ভেতর থেকে বেরিয়ে। ঠাকুর কে দেখে ফিরে যায়। প্রভু তো নিজেই ঈশ্বর, তিনিই স্বয়ং নারায়ণ। তিনি যেকোনো সময়ই আসতে পারেন মন্দিরে। যেকোনো সময় যেতে পারেন তাঁর পূজিত মূর্তির সামনে।

মাধব ব্যস্ত হয়ে পড়ে পূজার কাজে। ভুলে যায় মুরারী ঠাকুরের উপস্থিতির কথা। কিছুক্ষণ বাদে অনেক বাক্যালাপের আওয়াজ শুনে মাধব আবার বাইরে আসে। সেখানে স্বরূপ পূজারী, সুদর্শন পূজারী এবং রাজ্ বৈদ্য উপস্থিত। সুদর্শন পূজারী উদ্ধার করেছেন ঠাকুরের নিথর দেহ। উদ্বিগ্ন হয়ে ডেকে এনেছেন রাজ্ বৈদ্য কে। পূজারী ঠাকুরের মনে পড়ে যায় সকালের সমস্ত আলোচনা। নীরব অশ্রু ধারা নেমে আসে। বৈদ্য জবাব দেন, ঠাকুর, দেহত্যাগ করেছেন। মন্দিরের মাঝে এক অদ্ভুত নীরবতা নেমে আসে। রাজ্ বৈদ্য বিদায়ে নেন। তার আর কিছুই করার নেই এখানে। পূজারী ঠাকুর মাধব কে নির্দেশ দেন মন্দিরের দ্বার বন্ধ করে দেওয়ার জন্য।

মন্দিরের বাইরে উপস্থিত স্থানীয় মানুষ জন যারা মুরারী ঠাকুর কে ভেতরে ঢুকতে দেখেছিলেন তারা অবাক হলেন এই অসময়ে মন্দিরের দরজা বন্ধ হওয়া দেখে।

খবর পেয়ে রাজা আদিত্য প্রতাপ এলেন তাঁর আরাধ্য ঠাকুরের সাথে শেষ দেখা করতে। মন্দিরের সামনের নয় পেছনের দরজা দিয়ে। সুদর্শন পূজারী সমস্ত কথা জানালেন। জানালেন মুরারী ঠাকুরের শেষ ইচ্ছের কথা। অশ্রু বিসর্জন করতে করতে রাজা অনুমতি দিলেন। সব কাজ যেন নীরবে সম্পন্ন হয়। সত্য যেন ছড়িয়ে পড়তে না পারে। রাজা ভগ্ন হৃদয়ে মন্দির থেকে বেরিয়ে পড়লেন। মাধব ও আরো কয়েকজন সেবায়েত মিলে,

রত্নসিংহাসনের ঠিক নিচে একটি গর্ত খুঁড়ে দিলেন। শুইয়ে দেয়া হলো মুরারী ঠাকুরকে। তারপর মেঝে এমন ভাবে পালিশ করে দেওয়া হলো যাতে সহজে নজর না যায় সেদিকে। সমস্ত কাজ শেষ হতে হতে রাত্রি দ্বিপ্রহর।

মন্দিরে যারা এসেছিলো সন্ধ্যারতি দেখার জন্য তারা ফিরে গেল।

হটাৎ ই মন্দির এমন ভাবে বন্ধ হয়ে থাকায় সব্বাই যথেষ্ট অবাক হলো। নানান প্রশ্ন আসতে লাগলো। কিছু মানুষ জানতে চাইলো মুরারী ঠাকুর কোথায়? তাঁকে সব্বাই মন্দিরে ঢুকতে দেখেছে। বেরুতে তো কেউ দেখেনি?

যেমনটা ঠিক করা হয়েছিল সেইমতো সুদর্শন পূজারী সব্বাই কে বললেন "গতকাল সন্ধ্যায় পূজা অর্চনার সময় মুরারী ঠাকুর বিলীন হয়েছেন জগন্নাথদেবের সাথে"।

অশ্রুসিক্ত পূজারী ঠাকুরের চোখ দুটি সকলের দৃষ্টি এড়িয়ে নিক্ষিপ্ত হলো প্রভুর মূর্তির দিকে। তাঁর রত্নসিঙ্গাসন এর দিকে। ঐখানেই চির শয়নে আছেন তিনি।

THAT LITTLE GIRL

Timeline: 1945

Place: Europe

It's Anne and Margot's room. Neatly organized by their mother, Edith. Every day she changes the fragrant tuberose in their room. This flower is favorite of both of them. This is probably the only similarity between them. Margot is calm and reticent. She is obedient. Anne is fickle, loves to talk a lot. Edith has to put more effort after Anne to get things done. Naturally, Edith is a little soft on Margot. It's not that Anne can't smell that out. She is not very happy about this. She believes Edith is biased. She wrote this thought in her diary. That beautiful diary, which she received on her thirteenth birthday. She writes everything there - every day. But the statement she wrote about Margot, she did not like on re-visiting later. She says herself, "What kind of negative saying is this?". It is the last week, Margot gave her drawing set to Anne, even when Anne did not ask for it! Immediately, she apologizes to Margot in her diary, and to Mom too. Mom must love her too.

Margot and Anne's bed are not actually facing. But Margot's bed is in sight from Anne's. Anne keeps on staring at Margot's pallid face. It is Bergen-Belsen concentration camp. Beds are crowded in miserably. Filthy and soiled all through. Rats race!

With will power, she sees the cleaned, decorated house with fragrant flowers.

There are no flowers. Mother does not come any more. She died. Out of starvation. Day after day – she gave her food to the girls. Equally – to both. It was an accelerated death.

Anne never got a chance to hug mother before she died. Couldn't apologize. Yes! she did apologize, but it is in her diary! The diary is in that hidden place. The house where they hid from the Nazis – in Amsterdam. Someone passed their whereabouts to the Nazis. Dad is also dead by now, in all probability. And no one else will ever know about her diary! Anne wants to apologize to Margot too for a last time. But Margot is too sick to open her eyes. Many people in this room of the camp, got typhus. The typhus epidemic kills about five hundred people a day.

It would have been easier for Anne to die if she was arrested just three months earlier. Anyone is less than fifteen years, had to go to the gas chamber. Toxic gas would come down from ceiling. It is so easy to kill millions of children, every day. During the journey by train to the camp, Anne listened intently to a woman traveling with them - explaining to her five-year-old daughter - "God will descent from the sky as white smoke. He will take you in his arms to heaven, where we all will meet again. Dad will join too."

The baby promises not to cry when she will be separated from her mother.

But the boy? Who is not matured enough to understand?

He does not want to leave his mother. Wants to get back again and again. Angry Nazi soldier throws the boy away. His mother did not look back. Walks straight to the queue where she will be stripped naked and sprayed with disinfectant.

This child leaves the world with intense hatred. His mother did not come to pick him up. Never looked back. He would have been safe if in his mother's cradle.

Anne is now fifteen years and three months. The death was not easy for just three months.

She used to see her feeble mother from a distance. Then one day, she did not come.

The place Nazis took her father to, there, they have to dig their own grave. They were shot once they move down to their own grave. One or more than one per grave.

Anne could have died easily in gas chamber if she was arrested just three months before. Anne didn't have to stand into the crowd of naked ladies for disinfecting. Then head shaving, then tattoo on the arm for numbering! The days are full of hard work without sufficient food and in nights, sleeping with rats.

Anne still gets the fragrance of tuberose. She feels, Margot and she are in a clean room with two beds facing each other. Mother comes every day with fresh flowers in her hand. Anne believes in all beauty, and she mentioned that too in her diary. In her own language, Dutch -

"I don't think of all the misery, but of the beauty that still remains."

After everything, Ann believed that all peoples' hearts are kind and good -

"I keep my ideals, because in spite of everything I still believe that people are really good at heart. "

Anne also got typhus. Looking at Margot's pale face, Anne wondered, what is a true epidemic? - Typhus or genocide?

Anne strongly believes, she will be able to go back home, definitely. But her health fails to support. She catches a terrible skin infection from the filthy surrounding. And a few days later, typhus.

Anne gets the smell of the flowers. Feels the warmth of the soft bed and the fluffy blanket. She believes justice will prevail and that day is not far.

The world will be permeated with fragrance of the flowers. A new prosperous world!

"How wonderful it is that nobody needs to wait a single moment before starting to improve the world."

One morning Anne woke up and found Margot is not any more in her bed. There is someone else.

Gloomy Anne still sees the beauty spreading. This is how she perceives the world. She mentioned that in her diary too.

"Think of all the beauty still left around you and be happy."

Anne dies two days after Margot.

Three months after Margot and Anne died, Nazi Germany lost the war, and all the prisoners were released.

Epilogue: Auto Frank, Anne's father, returned home after the war ended. He came to know Edith, Margot and Anne are not alive. Later he found Anne's diary.

The world was astounded seeing the invincible life energy and positive sprit of a fifteen-year-old girl - in the midst of such an awful time.

Anne Frank writes down her beliefs in her diary, some of which,

1. I keep my ideals, because in spite of everything I still believe that people are really good at heart.

2. How wonderful it is that nobody needs to wait a single moment before starting to improve the world.

3. Think of all the beauty still left around you and be happy.

4. No one has ever become poor by giving.

5. I don't think of all the misery, but of the beauty that still remains.

6. Whoever is happy will make others happy too.

7. Parents can only give good advice or put them on the right paths, but the final forming of a person's character lies in their own hands.

8. Whoever doesn't know it must learn and find by experience that 'a quiet conscience makes one strong!

9. Laziness may appear attractive, but work gives satisfaction.

10. We all live with the objective of being happy; our lives are all different and yet the same.

Appendix: Enlightened ancestors of humanity, at the dawn of civilization, were celebrating humanity by chanting the hymn from the Upanishad - *Srinwantu Viswe Amritasya Pootra*. All human beings of world are the *children of bliss*.

And all children of bliss are the inheritors of their enlightened humanity.

সেই ছোট্ট মেয়েটি

অ্যান আর মার্গট এর ঘর এটা। সাজানো ঝক ঝকে। ওদের মা এডিথ রোজ বদলে দিয়ে যান রজনীগন্ধা ফুল। ওদের দুজনেরই প্রিয় এই ফুল। এটাই ওদের মধ্যে সব চেয়ে বড় মিল। মার্গট শান্ত, ধীর ও কম কথা বলে। খুব অল্প কথায় বুঝিয়ে দিতে পারে, ও কি বলতে চাইছে। খুব বাধ্য ও। অ্যান চঞ্চল, অনেক কথা বলতে ভালোবাসে। এডিথ কে অনেক শ্রম দিতে হয় অ্যানকে বুঝিয়ে একটা কাজ করাতে। স্বভাবতই এডিথ, মার্গট এর প্রতি একটু নরম। সেটা যে অ্যান বুঝতে পারে না তা নয়। এ জন্য খুব রাগ তার। মার্গট এর ওপর। সে বিশ্বাস করে এডিথ পক্ষপাতদুষ্ট। তার এই মনের ভাব সে লিখে রেখেছে তার ডাইরি তে। সেই সুন্দর ডাইরিটা। যেটা সে তার তেরো বছরের জন্মদিনে পেলো। রোজ লিখে রাখে সব কিছু সেখানে। কিন্তু নিজেই যখন আবার পড়ে পুরোনো লেখা তখন তার নিজেরই মনে হয় "এ কেমন নেতিবাচক কথা? এই তো সেদিন মার্গট তার ড্রয়িং সেট, না চাইতেই অ্যান কে দিয়ে দিলো"! সাথে সাথে সে ডায়েরি তে ক্ষমা চেয়ে নেয় মার্গট এর কাছে। মায়ের কাছেও ক্ষমা চায় মা নিশ্চয়ই খুব ভালোবাসে তাকেও।

মার্গট আর অ্যান এর বিছানা আসলে মুখোমুখি নয়। কিন্তু, অ্যান এর বিছানা থেকে দেখা যায় মার্গট এর বিছানা। অ্যান তাকিয়ে আছে মার্গট এর রক্ত শুন্য মুখটার দিকে। আসলে তো এটা বার্গেন-বেলসেন কন্সেন্ট্রেশন ক্যাম্প। ঠাসাঠাসি করে বিছানা গুলো পাতা। নোংরা, ময়লা। ইঁদুরগুলো গায়ের ওপর দিয়ে চলে যায়। তার প্রচন্ড ইচ্ছাশক্তি দিয়ে সে দেখে ঘরটা পরিষ্কার, রজনীগন্ধা ফুল দিয়ে সাজানো। ফুল নেই এঘরে। মা তো আর বেঁচে নেই। দিনের পর দিন নিজের খাবার মেয়েদের দিয়ে দিয়েছেন। দুজন কে সমান সমানই দিয়েছেন। এডিথ এর মৃত্যু ত্বরান্বিত হয়েছে।

মায়ের মৃত্যুর আগে সে একবারও মাকে জড়িয়ে ধরতে পারে নি। মোটেও ক্ষমা চাইতে পারেনি। ক্ষমা চেয়েছে বটে কিন্তু সেটা তো ডাইরিতে! ডাইরিটা আছে সেই লুকানো জায়গাটায়। আমস্টারডামের যে ঘরটাতে তারা লুকিয়েছিল, নাৎজিদের থেকে। কারা যেন খবর দিয়ে দিলো নাৎজি দের। বাবা ও মনে হয় এখন মৃত। আর কেউ জানে না তার ডায়েরির কথা! মার্গট এর কাছেও শেষ বারের মতো একটা ক্ষমা চাইতে চায় অ্যান। কিন্তু মার্গট বিছানার সাথে মিশে গেছে। চোখ চাইবার মতো ক্ষমতাও আর মার্গট এর নেই। ক্যাম্পের এই ঘরটা তে বেশির ভাগ মানুষের টাইফাস জ্বর হয়েছে। যদি কোনোদিন তিনশো মানুষ মারা যায় তাহলে সব্বাই ভাবে আজ তাও অনেক কম মৃত্যু হলো। টাইফাস মহামারীতে প্রতিদিন পাঁচশো জনের মৃত্যু হয়।

এর চেয়ে সহজ হতো অ্যান এর মৃত্যু, যদি সে আর মাত্র তিন মাস আগে ধরা পড়তো। পনেরো বছরের কম হলে গ্যাস চেম্বার এ যেতে হতো। বিষাক্ত গ্যাস নেমে আসত ওপর থেকে। লক্ষ লক্ষ শিশু যেভাবে খুব সহজে মারা যায়। ক্যাম্পে আসার সময়, মন দিয়ে শুনছিলো অ্যান, তাদের সহযাত্রী এক মহিলাকে দেখে – কোলের পাঁচ বছরের শিশু কন্যা কে বুঝিয়ে দিতে – "আকাশ থেকে ভগবান সাদা ধোঁয়ার রূপ ধরে নেমে আসবেন। তাকে কোলে করে নিয়ে যাবেন স্বর্গে, সেখানে গিয়ে মায়ের সাথে তার আবার দেখা হয়ে যাবে। বাবা ও থাকবে সেখানে।"
শিশুটি কথা দেয় সে একদম কাঁদবে না মায়ের থেকে আলাদা হবার সময়। কিন্তু যে শিশুর বোধ হয়নি এখনো? সে ছেড়ে যেতে চায় না তার মাকে। বার বার ফিরে যেতে চায়। নাৎজি সৈন্য বিরক্ত হয়ে ছুড়ে ফেলে দেয়

শিশুটিকে। তার মা মোটেও তাকায় না ফিরে। সোজা চলে যায় সেই লাইনে, যেখানে তাকে উলঙ্গ করে জীবাণুনাশক দেওয়া হবে।
অদম্য ঘৃণা নিয়ে এই শিশুটি পৃথিবী ছাড়ে। তার মা তাকে কোলে তুলে নিতে এলো না, ফিরে তাকালো না একবারও। মায়ের কোলে চড়ে, মায়ের বুকের ভেতর মুখ গুঁজে দিতে পারলেই সে সুরক্ষিত হয়ে যেত!

অ্যান এখন পনেরো বছর তিন মাস। শুধু তিন মাস এর জন্য অ্যান এর মৃত্যু সহজ হলো না।
তার হাড় জীর্ণ মা কে দূর থেকে থেকে দেখেছে। তারপর একদিন মা আর এলো না।
তার বাবাকে যেখানে নিয়ে গেছে সেখানে তাদের নিজেদের কবর নিজেদের খুঁড়ে দিতে হয়। সেই কবরের ভেতর নিজেদেরই নেমে যেতে হয়। তারপর তাদের গুলি করা হয়। এক কবরে একজন বা একাধিক।

অ্যান আরো সহজ ভাবে মারা যেতে পারতো মাত্র তিন মাস আগে গ্রেপ্তার হলে। তা হলো না। উলঙ্গ মানুষদের ভিড়ে মিশে যেতে হলো অ্যান কে ও। তারপর জীবাণুনাশক। মাথা নেড়া করে দেওয়া হলো। হাতে ট্যাটু করে নম্বর দিয়ে দেওয়া হলো। সারাদিন হাড় ভাঙা খাটুনি, রাতে ইঁদুরদের সাথে ঘুম।

তবুও অ্যান রজনীগন্ধা ফুলের গন্ধ পায়ে। দেখে; সে আর মার্গট একটা পরিষ্কার ঘরে, মুখোমুখি দুটি বিছানা। মা রোজ আসে টাটকা ফুল হাতে নিয়ে। অ্যান বিশ্বাস করে সমস্ত সৌন্দর্যের ওপর, লিখেও রেখেছে সে কথা সে তার ডাইরি তে। তার ভাষা, ডাচ এ।

সব কিছুর পরেও অ্যান বিশ্বাস করতো সব মানুষদেরই হৃদয় দয়ালু এবং ভালো।

অ্যান এর ও টাইফাস হয়েছে।
মার্গট এর শুকনো মুখটার দিকে তাকিয়ে অ্যান ভাবে, কোনটা মহামারী? টাইফাস? না জাতিবিদ্বেষের জন্য এক মানুষের অন্য মানুষের হত্যা করা?

অ্যান এখনো বিশ্বাস করে সে বাড়ি ফিরে যাবেই। কিন্তু তার শরীর, তার সাথে সহযোগিতা করে না। নোংরা বাসস্থানে ভয়ঙ্কর চর্ম রোগ হয় তার। কিছুদিন পরে টাইফাস জ্বর।

তবু অ্যান ফুলের গন্ধ পায়, নরম বিছানা আর তুলতুলে কম্বলের উষ্ণতা অনুভব করে। সে বিশ্বাস করে যুদ্ধে, ন্যায় এর জয় হবেই – আর সেই দিন বেশি দূরে নেই। পৃথিবী ভরে উঠবে রজনীগন্ধা ফুলের গন্ধে। এক উন্নত পৃথিবী!

একদিন সকালে উঠে অ্যান দেখলো মার্গট তার বিছানায় আর নেই। সেখানে অন্য আর এক জন।
বিষন্ন অ্যান এখনো ছড়িয়ে থাকা সৌন্দর্য দেখতে পাচ্ছে। এ ভাবেই সে পৃথিবীকে দেখে। সেকথা সে লিখে রেখেছে ডাইরিতে।

মার্গট মারা যাওয়ার দু দিন পরে অ্যান মারা যায়।
মার্গট এবং অ্যান মারা যাওয়ার তিনমাস পর নাৎজি জার্মানি যুদ্ধে হেরে যায় এবং সমস্ত বন্দিরা মুক্তি পায়।

<u>উপসংহার</u>: অটো ফ্রাঙ্ক, অ্যান এর বাবা, যুদ্ধ শেষে বাড়ি ফিরে আসেন। জানতে পারেন এডিথ, মার্গট আর অ্যান কেউই বেঁচে নেই। বাড়ি ফিরে তিনি অ্যান এর সেই লুকিয়ে রেখে যাওয়া ডাইরি হাতে পান।
পৃথিবী স্তম্ভিত হয়ে যায় - হাড় হিম করে দেওয়া এক সময়ের মাঝেও - পনেরো বছরের মেয়েটির জীবনীশক্তি, ইতিবাচকতা দেখে।

অ্যান ফ্রাঙ্ক তার বিশ্বাস গুলোকে লিখে রেখে গেছে তার ডাইরিতে, তার কয়েকটি,

1. I keep my ideals, because in spite of everything I still believe that people are really good at heart.

2. How wonderful it is that nobody needs to wait a single moment before starting to improve the world.

3. Think of all the beauty still left around you and be happy.

4. No one has ever become poor by giving.

5. I don't think of all the misery, but of the beauty that still remains.

6. Whoever is happy will make others happy too.

7. Parents can only give good advice or put them on the right paths, but the final forming of a person's character lies in their own hands.

8. Whoever doesn't know it must learn and find by experience that 'a quiet conscience makes one strong!'

9. Laziness may appear attractive, but work gives satisfaction.

10. We all live with the objective of being happy; our lives are all different and yet the same

পরিশিষ্ট: সভ্যতার উষালগ্নে, মানবসত্ত্বার আলোকময় পূর্বপুরুষেরা, মনুষ্যত্বের উদযাপন করছিলেন, উপনিষদের পবিত্র মন্ত্রোচ্চারণে - শৃণ্বন্তু বিশ্বে অমৃতস্য পুত্রা - শৃণ্বন্তু বিশ্বে অমৃতস্ব পুত্র।
এই সমগ্র পৃথিবীর সকল মানবসন্তানই অমৃতের সন্তান। এবং অমৃতের সেই সকল সন্তানই তাঁদের আলোকময় মানবসত্ত্বার উত্তরাধিকারী।

GOD OF RIGHTEOUSNESS AND JUSTICE

HINDU MYTHOLOGY

Background

Lord *Shani* is the god of righteousness. He is one of the oldest gods of justice in the universe. According to Hindu mythology, all planets, including Earth, follow Lord *Surya* - the Sun. Lord *Shani* represents planet Saturn.

Lord *Shani*, judges righteousness and unrighteousness of deeds and assigns *karma*. Whenever he sees unrighteousness, he inflicts evil destiny to the wrongdoer. Conversely, he grants blissful destiny to those who follows the path of righteousness.

It is impossible to conceal anything from him. Today, tomorrow or years after, you have to face destiny of acquired *karma*. Like other gods, Lord *Shani does not* need to be worshiped. His blessings can be obtained by following the way of righteousness; if not, his wrath.

According to Hindu mythology, lord Shani received the power of hurling his crooked vision from Lord Shiva. By this power lord Shani blesses the righteousness and inflicts evil destiny to the wrongdoer.

Story

According to Hindu mythology, Sanjna wanted to have Lord *Surya* – the sun as her husband. But after marriage she was unable to tolerate Lord Surya's enormous energy. She begged his father to reduce the power of Sun. Lord Vishwakarma, the god of technology, fulfilled his daughter's wish, reduced the intensity of the Sun. Even after that, Sanjna still cannot tolerate Sun's energy.

Sanjna was like her father. She was adept at technology. She intends to perform austerities to make herself powerful enough to withstand the energy of the ignited fireball. But, to immerse in her austerities, she would need to go for seclusion, leaving her husband's house. She requires someone to take care of her husband and children in her absence. After much thought, she decided to make a clone of herself, and install that clone to play the role of the wife of her husband and mother of the children. From her own shadow, she made a clone of her own self. She named the clone *Chhaya* – means shadow!

To be continued in the next part of this book.

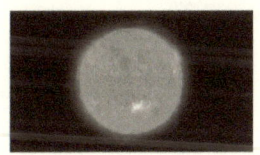

শনি দেবতা

ভূমিকা

ন্যায়পরায়ণতার দেবতা হলেন শনিদেব। পৃথিবীর সব চেয়ে পুরোনো ন্যায়পরায়ণতার দেবতাদের মধ্যে শনিদেব হলেন অন্যতম। হিন্দু পুরাণ বলে, পৃথিবীসহ সমস্ত গ্রহরা অনুসরণ করছে সূর্য দেবতাকে। আজ এই ন্যায়পরায়ণতার দেবতার গল্প শুনবো। তিনি শুধু ন্যায় এবং অন্যায় এর বিচার করেন এবং সেই বিচার এর নিরিখে কর্মফল দান করেন। অন্যায় দেখতে পেলেই তিনি কর্মফল তুলে রাখেন অন্যায়কারীর জন্য। সাথে যারা ন্যায়ের পথে চলে তাদের জন্য ও তুলে রাখেন কর্মফল। তফাৎ, একটা ভালো, একটা খারাপ। এই দেবতার কাছে কিছুই লুকোনো যায়না। আজ, কাল বা বহুবছর পর, কর্মফল ভোগ করতেই হবে। এই দেবতা পুজো, ফল, ফুল কিছুই চান না। ন্যায়ের পথে চললে তাঁর আশীর্বাদ পাওয়া যায়; না চললে, তাঁর ক্রোধানল। হিন্দু পুরাণমতে, মহাদেবের বর পেয়ে তিনি বক্রদৃষ্টির ক্ষমতা লাভ করেন। এই বক্রদৃষ্টি প্রদান করে তিনি ভালো কাজের ভালো ফল প্রদান করেন এবং খারাপ কাজ করলে খারাপ ফল প্রদান করেন।

হিন্দু পুরাণ অনুযায়ী, সংজ্ঞা, সূর্যদেবকে স্বামী হিসেবে পাওয়ার কামনা তো করেছিলেন, কিন্তু বিবাহের পর তিনি সূর্যদেবের প্রবল তেজ সহ্য করতে অসমর্থ হন। পিতার কাছে সূর্যদেবতার তেজ কমিয়ে দেওয়ার মিনতি জানান। মেয়ের অনবরত মিনতি ফেলতে না পেরে দেব বিশ্বকর্মা কমিয়ে দেন সূর্যের তেজ। দুর্ভাগ্যবশত, কমিয়ে দেওয়ার পরের তেজ ও সহ্য করা মুশকিল হয়ে পরে সংজ্ঞার জন্য।

সংজ্ঞা, দেব বিশ্বকর্মার, সুযোগ্য কন্যা। প্রযুক্তি বিদ্যাতে যথেষ্ট পারদর্শী ছিলেন তিনি। সংজ্ঞা, মনস্থ করেন সূর্য দেবের তেজ সহ্য করার জন্য বিশেষ তপস্যা করবেন তিনি। কিন্তু সেক্ষেত্রে স্বামী এবং সন্তানদের তিনি কার কাছে রেখে যাবেন? সূর্যদেবকে কি বলবেন? অনেক চিন্তা ভাবনা করে সংজ্ঞা ঠিক করলেন তিনি তাঁর নিজের ক্লোন তৈরী করবেন এবং তাঁর অনুপস্থিতিতে সেই ক্লোনই সূর্যদেবের স্ত্রী এবং সন্তানদের মাতার ভূমিকা পালন করবে। নিজের ছায়া ব্যবহার করে সংজ্ঞা নিজের ক্লোন বানালেন। পরীক্ষা করে দেখলেন কারোর পক্ষেই এটা বোঝা অসম্ভব যে ক্লোন টি সংজ্ঞা নয়। যথা সময়ে ছায়া কে সমস্ত কাজ কর্ম বুঝিয়ে দিয়ে, রূপ বদল করে, সংজ্ঞা, চলে গেলেন তপস্যা করতে।

মূল গল্প পরবর্তী পর্বে।

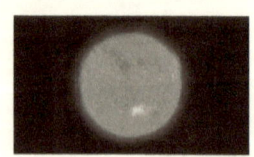

www.ingramcontent.com/pod-product-compliance
Lightning Source LLC
Chambersburg PA
CBHW050419290526
45786CB00003B/1328
* 9 7 8 1 5 4 3 4 9 7 8 2 3 *